ULI AUFFERMANN

RHEIN-HERNE-KANAL

Ahoi!

Semann Verlag

Rhein-Herne-Kanal - AHOI!
Lexikon mit über 450 Stichwörtern

IMPRESSUM

Glücksburger Straße 4, D-44799 Bochum

Druck: WirmachenDruck GmbH, Backnang

ISBN 978-3-9816578-0-7

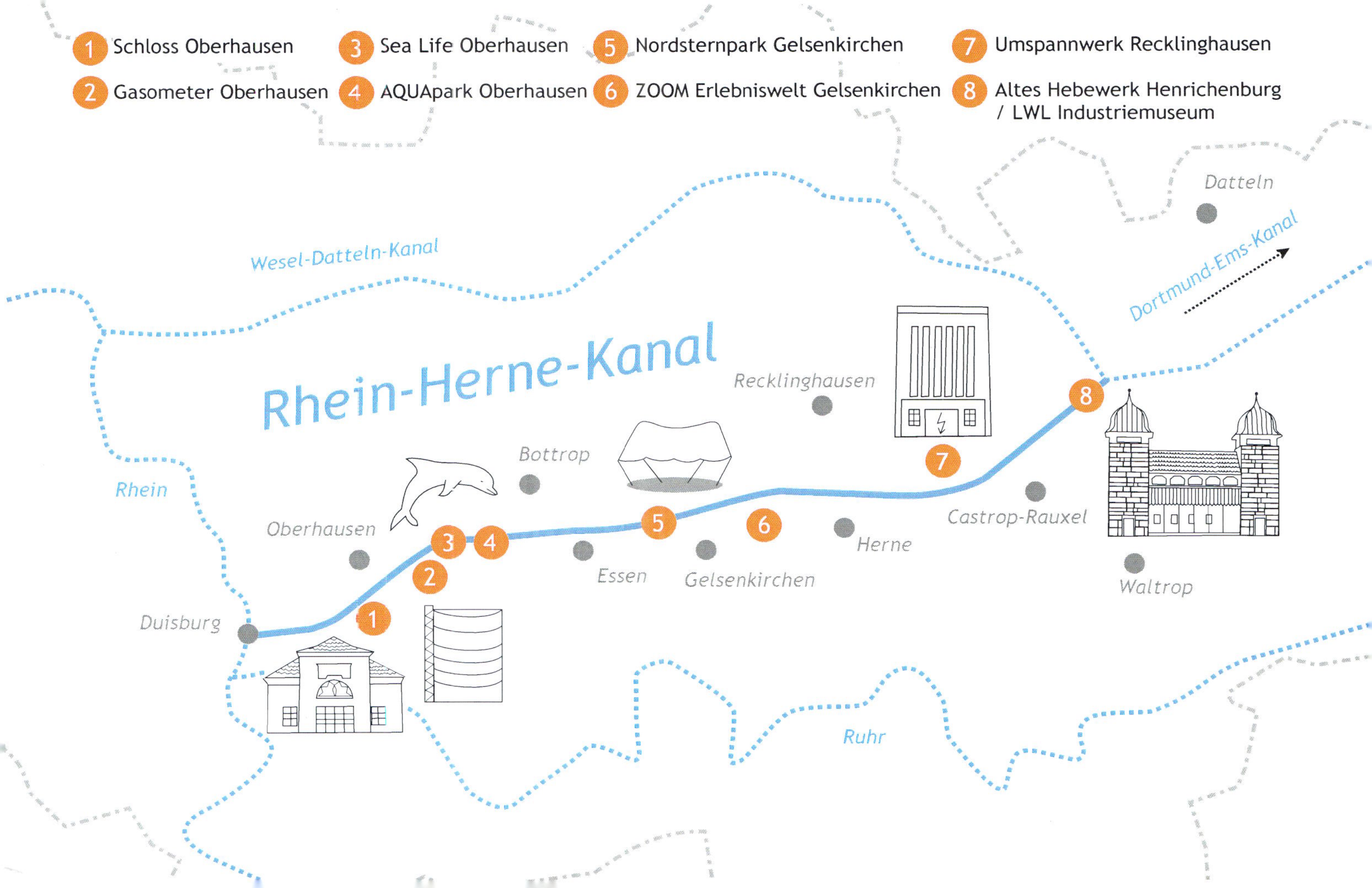
1 Schloss Oberhausen
2 Gasometer Oberhausen
3 Sea Life Oberhausen
4 AQUApark Oberhausen
5 Nordsternpark Gelsenkirchen
6 ZOOM Erlebniswelt Gelsenkirchen
7 Umspannwerk Recklinghausen
8 Altes Hebewerk Henrichenburg / LWL Industriemuseum
Rhein-Herne-Kanal
Wesel-Datteln-Kanal
Dortmund-Ems-Kanal
Rhein
Ruhr
Duisburg
Oberhausen
Bottrop
Essen
Gelsenkirchen
Recklinghausen
Herne
Castrop-Rauxel
Waltrop
Datteln

Inhaltsverzeichnis

Wörter in kursiver Schrift verweisen auf ein eigenes Stichwort!

Vorwort

Als ich in den 1960er-Jahren als Kind zum ersten Mal den Rhein-Herne-Kanal sah, war das für mich genauso eindrucksvoll wie der Anblick der Eiger-Nordwand. All die Schiffe, die Kräne, die Häfen waren eine ganz eigene Welt. Bis heute zieht es mich, wann immer Zeit ist, an den Kanal. Dort empfinde ich einen tiefen Kontakt zur Heimat, zu dem Lebensgefühl Ruhrpott - so wie es einst in der Kindheit und Jugend geprägt wurde. Und auch wenn sich das Bild vom Kanal seit jenen Jahren verändert hat, ist doch immer noch viel von der einstigen Atmosphäre übrig. Tuckernde Kähne, Kohlehalden am Ufer, Schleusen und harte Maloche. Und man trifft Menschen, so wie sie hier immer waren. Mit Eigenschaften, die uns Ruhrpottler ausmachen: offen, bodenständig, verlässlich.
Heute kann man die Freizeit am Kanal noch vielfältiger verbringen. Spazierengehen, das Fahrrad auf guten Radwegen benutzen, Paddeln, Rudern oder auf einem der Fahrgastschiffe die Seele baumeln lassen. Dazu tolle Museen und Industriekultur besichtigen. Der Kanal hat eine große Geschichte und so viele Geschichten. Darf ich Sie einladen, mir auf den folgenden Seiten in die Welt dieser bedeutenden Wasserstraße zu folgen? Und bitte sehen Sie mir nach, wenn ich nicht alles sammeln, nicht alles wissen, nicht alles aufschreiben konnte.

In diesem Sinne ein herzliches
Ahoi!

Bochum, im April 2014

Fahrt Richtung Duisburg im Abendlicht

A-D

A

Festgemacht nach der Schleusenfahrt

Abstieg zum Rhein
Schiffe, die vom höher gelegenen *Rhein-Herne-Kanal* ihre Fahrt auf dem Rhein fortsetzen wollen, können auf zwei Wegen hinab zu „Vater Rhein“ gelangen. Zum einen durch die *Schleuse Meiderich* und den *Hafenkanal* des *Duisburger Hafens*, zum anderen durch einen *Verbindungskanal* hinüber zur Ruhr. Von dort geht es dann weiter durch die *Ruhrschleuse Duisburg* Richtung Rhein.

Abstiegsbauwerke
Zusammenfassender Begriff für alle Bauwerke, die das Überwinden eines Wasserstandsunterschieds möglich machen; dazu gehören z. B. *Schleusen* und Schiffshebewerke.

Achtzehn Kubikmeter pro Sekunde
So hoch ist im Durchschnitt der Bedarf an Schleusungswasser des Kanalsystems im Ruhrgebiet. Eine Kette von Pumpen sorgt dafür, dass ausreichend Wasser zurückgepumpt wird.
Im Bedarfsfall wird die Wasserentnahme aus der *Lippe* erhöht bzw. Wasser von der Ruhr und ggf. auch vom Rhein umgeleitet, um den Wasserspiegel in den Kanälen auf einer garantierten Höhe zu halten. Nicht nur für die Schifffahrt ungemein wichtig!

Achtzig Kilometer in hundert Tagen
So viel Zeit blieb den kunstinteressierten Emscher- und Kanalbesuchern im Sommer 2013, um die entlang der *Emscher* ausgestellten Kunstwerke der Ausstellung *EMSCHERKUNST.2013* zu besuchen. Ziel der Kunstaktion war es, neue Blickwinkel und Ansichten auf das sich im Wandel befindende Umfeld an Emscher und *Rhein-Herne-Kanal* aufzuzeigen.

Adenauer am Kanal

Zumindest als Namensgeber ist Altbundeskanzler Konrad Adenauer (1876-1967) noch täglich am Kanal - und das sogar in doppelter Ausführung, denn zwei nach ihm benannte Alleen kreuzen den Kanal: einmal als Bundesstraße 223 in Oberhausen (bei Kanalkilometer 8,9) und dann noch einmal in Essen, bei Kilometer 25,6. In Oberhausen-Sterkrade führt die Konrad-Adenauer-Allee nur einen Katzensprung weiter auch über *Emscher* und A 42 hinweg.
In Essen liegt Adenauers Allee sogar in unmittelbarer Nachbarschaft zur Straßenbrücke, die nach dem einstigen sozialdemokratischen Widersacher Kurt Schumacher benannt ist. So wird an zwei bedeutende Politiker erinnert.

Adrenalin pur

... versprechen die diversen Wasserrutschen im *AQUApark Oberhausen*.
Wer allerdings das Element Wasser etwas gemütlicher mag, findet im Erlebnisbad auch ruhigere Bereiche oder macht noch einen schönen Spaziergang am Kanal, der direkt am AQUApark vorbeizieht.

Alaska am Kanal

Die „Erlebniswelt Alaska“ ist ein Teil der *ZOOM Erlebniswelt* (dem früheren Ruhr-Zoo) in Gelsenkirchen und liegt in unmittelbarer Nachbarschaft zum Kanal. Auf einem etwa 25 Hektar großen, aufwändig gestalteten Areal sind nach und nach auch die Lebensräume „Afrika“ und „Asien“ entstanden, die den Tieren möglichst naturnahe Lebensbedingungen schaffen sollen. Bei den Besuchern kommt das Konzept gut an, die ZOOM Erlebniswelt gehört zu den meistbesuchten Tierparks in Deutschland.

Rhein-Herne-Kanal: Ein Dorado für Angler

„Alle Mann mitsingen!“

Im Rahmen des 100. Geburtstages des *Rhein-Herne-Kanals* findet am 27. September 2014 wieder ein *Day of Song* statt, bei dem sich die Veranstalter ein reges Mitmachen wünschen.
In 48 Städten des Ruhrgebiets, u. a. in Herne in der *Künstlerzeche Unser Fritz*, werden die Veranstaltungen mit dem „Steigerlied“ eröffnet.

Amphitheater

Zu entdecken im *Nordsternpark Gelsenkirchen* am *Rhein-Herne-Kanal*.
Die Freilichtbühne bietet Platz für rund 7000 Besucher und wird verstärkt im Frühjahr und Sommer für viele verschiedene Veranstaltungen genutzt.
Weithin bekannt sind die regelmäßig stattfindenden Events wie das *Rock Hard Festival*, das Kanalfest und das Open-Air-Kino. Hinzu kommen zahlrei-

che Konzerte, auch von international bekannten Interpreten und Gruppen.
Zwar hat das Amphitheater im Nordsternpark keine antiken Wurzeln, doch stimmungsvoll ist es dort, so lauschig am Kanal gelegen, allemal. Ein Besuch lohnt also auf jeden Fall.

Angelsportverein Blitzkuhle Wanne-Eickel
Vierzehn angelfreudige Wanne-Eickeler gründeten im Sommer 1952 den Verein. Namensgebend waren die sogenannten Blitzkuhlenteiche an der Alleestraße, zugleich die ersten Vereinsgewässer.
Später wurden weitere Angelgewässer genutzt, und 1985 konnte man direkt am *Rhein-Herne-Kanal* ein eigenes Vereinsheim bauen. Ein schöner Erfolg für den damals auf über 800 Mitglieder angewachsenen Verein.
Zur Zeit hat der auch in der Jugendarbeit engagierte Sportklub 34 junge Nachwuchs-Angler und zwei -Anglerinnen, die u. a. im Rahmen einer Jugendfreizeit in den Sommerferien an einem der heimischen Gewässer zelten und gemeinsam etwas unternehmen.
In den letzten Jahrzehnten nimmt der Naturschutz eine immer größere Bedeutung ein, denn nur in gesunden Gewässern lassen sich auch gesunde Fische fangen. So sind die Angler auch wichtige Umweltbeobachter, die sich zudem für die Bewahrung und Schaffung naturnaher Gewässerlebensräume einsetzen. Heute hat der Verein noch über 500 Mitglieder, ist damit der mitgliederstärkste Verein in Herne und trifft sich jeden Sonntag am Vereinsheim am Kanal (Zur Künstlerzeche 4).
Für alle Interessierten:
Anfang Juli jeden Jahres gibt es einen „Tag der offenen Tür“ (Infos unter www.asv-blitzkuhle.de).

Angelsportverein Früh Auf
Im bereits 1934 in Castrop-Rauxel gegründeten Verein wird der Naturschutz großgeschrieben und steht in der Satzung an erster Stelle.
Seine etwa 500 Mitglieder können auf dem großen Grundstück am Vereins- und Jugendheim an der Suderwicher Straße 86 u. a. einen eigenen Räucherplatz nutzen. Rund 60 Jugendliche sind im Verein aktiv und treffen sich zweimal im Monat, um ihre Angelkenntnisse zu erweitern, Zeltlager zu planen oder Ausflüge zu unternehmen. Drei- bis viermal im Jahr lassen die Mitglieder den *Rhein-Herne-Kanal* Richtung Meer hinter sich, um auf Hochseefahrten ihr Anglerglück zu versuchen.

Anschlag auf den Emscherdüker
Wegen ausbleibender Reparationszahlungen, die in Folge des Ersten Weltkrieges geleistet werden mussten, kam es zur Besetzung des Ruhrgebiets durch das französische und belgische Militär. Während dieser Zeit wurde im April 1923 ein Sabotageanschlag auf den *Emscherdüker* verübt und der Kanal dabei so schwer beschädigt, dass er zwischen dem Sicherheitstor Emscher und der *Schleuse Herne-Ost* leer lief.
Nach einer Notreparatur konnte der Kanal schon drei Monate später wieder in Betrieb genommen werden. Um die Schäden jedoch endgültig zu reparieren, wurde mit der Errichtung einer zweiten Fahrrinne - einer sogenannten *Zweiten Fahrt* - begonnen.

AQUApark Oberhausen
Wohl das erste und einzige Bergbau-Erlebnisbad der Welt! Auf so etwas kommt man wahrscheinlich nur hier im „Kohlenpott“. Gestaltet als Hommage an die Epoche des Kohlebergbaus der

Im Nordsternpark Gelsenkirchen - Konzertveranstaltung im Amphitheater.

Die Angler vom ASV Blitzkuhle treffen sich am Kanal in Wanne-Eickel

Region: So baumeln Kauenhaken von der Decke, es glühen Kohlen im Kassenbereich, der Schwimmmeister behält in der Grubenwarte die Übersicht, Großfotos aus dem einstigen Zechenalltag hängen an den Wänden, die Nachbildung eines Grubenpferdes erfreut die Kinder, und von einem „Förderturm" gleitet man per Fallrutsche rasant in die Tiefe - zwar nicht bis unter die Erde, aber doch immerhin 18 Meter tief direkt ins erfrischende Nass. Das Bad liegt in der Nähe des *CentrO* in unmittelbarer Nachbarschaft zum *Rhein-Herne-Kanal*.

Ausflugsschiff „Friedrich der Große"
Das Schiff der Herner Personenschifffahrt hat seinen Anleger (mit Biergarten) am Ende der Gneisenaustraße in Herne. Es kann für verschiedene Fahrten auf dem *Rhein-Herne-Kanal* und den angrenzenden Kanälen gechartert werden und bietet Fahrten für jedermann zu verschiedenen Gelegenheiten an.
Benannt ist es nach seinem vormaligen Eigner und Kapitän Friedrich-Wilhelm Bleich, der von 2003 an mit Fahrgästen auf den Kanälen unterwegs war, nachdem er vom Fahren mit Lastschiffen genug hatte.
Seit 2011 ist mit Roland Bleich die nächste Generation am Ruder des Familienbetriebs und hat Kapitänsmütze und Schiff übernommen. Wenn nicht gerade Eis den Kanal blockiert, ist das Schiff ganzjährig einsatzbereit.
Bootsdaten: Das Fahrgastschiff „Friedrich der Große" ist Baujahr 1961, also noch deutlich jünger als der Kanal. Mit seinen 35 m Länge darf es bis zu 250 Personen befördern, die in mehreren Salons auf zwei Decks Platz finden. Angetrieben wird das Schiff von einem sogenannten Doppelschrauber (à 150 PS), der es auf eine maximale Geschwindigkeit von 16 km/h bringen könnte, wenn es auf dem Kanal nicht eine Geschwindigkeitsbegrenzung geben würde. (Siehe auch: Vom Neckar zum Kanal)

Auto rollt in Kanal
Alles passierte Ostermontag 2011: Ein nur kurz in der Buschhausener Straße in Oberhausen abgestelltes Auto machte sich plötzlich selbständig, rollte Richtung Kanal und versank dort. Die Fahrerin wollte ihren Wagen noch aufhalten, wurde dabei aber schwer verletzt. Schließlich konnte das Auto mit einem Sonargerät geortet werden, ein Taucher markierte es mit einer Boje, und ein Kran eines Feuerwehrbootes hob den Wagen heraus. Eine alles in allem etwa fünf Stunden dauernde Aktion, bei der zeitweise der Schiffsverkehr eingestellt werden musste.
Ein Einzelfall war das versenkte Auto übrigens nicht: Fahrzeuge aller Art landen leider öfter mal im Kanal, und das nicht nur aus Versehen.

Autobahnbrücken
Mehrere Autobahnen überqueren im Verlauf den *Rhein-Herne-Kanal*: Von West nach Ost sind es bei Kanalkilometer 1 die A 59 (in Duisburg, *Berliner Brücke*) und bei Kilometer 5 die A 3 (in Oberhausen), während die A 42 bei Kanalkilometer 17 (Nähe *Stadthafen Essen*) den Wasserweg quert.
Nach einer etwas längeren Strecke ohne Autobahnbrücke ist es dann bei Kilometer 33,7 die A 43 (beim *Umspannwerk Recklinghausen*), die den Kanal kreuzt, und schließlich bringt die letzte Brücke bei Kilometer 43,8 bei Castrop-Rauxel-Henrichenburg die A 2 über den Rhein-Herne-Kanal hinweg.

Automobil- und Motorboot-Club Castrop-Rauxel e.V. (AMC)
Dem Club ging es bei seiner Gründung im Jahr 1964 - man ahnt es schon - zunächst nur um den Automobilsport. Inzwischen allerdings betreibt er bereits seit den 1980er-Jahren bei Kanalkilometer 38 den früheren Hafen *König Ludwig* mit viel Erfolg als Sportboothafen. So bekam der AMC 2003 das Qualitätssiegel des Deutschen Motoryachtverbandes verliehen - eine besondere Auszeichnung, die der Club bis heute ohne Unterbrechung führen darf.

Im Yachthafen Castrop-Rauxel des AMC - wo früher Frachtschiffe mit Kohle beladen wurden, legen inzwischen Sportboote an.

In Herne ist das Fahrgastschiff Friedrich der Große zu Hause

Badeverbot
Auch wenn das *Schwimmen* im *Rhein-Herne-Kanal* geduldet wird, gibt es Stellen, wo ein absolutes Badeverbot besteht: So etwa 200 m vor und hinter *Schleusen*, da hier lebensgefährliche Strömungen und Sogwirkungen vorhanden sind, sowie in der Nähe von Häfen und Brücken. Aber auch das Hinabspringen von Brücken ist verboten und wird mit einer Geldstrafe von mindestens 50 Euro geahndet.

Bahnhofstraße
Die Herner Bahnhofstraße verläuft in Herne-Mitte als Fußgängerzone.
Die schnurgerade Einkaufsmeile entstammt noch der Kaiserzeit, war einst Prachtstraße und wurde von den Bomben des Zweiten Weltkriegs verschont. Schmucke Gründerzeithäuser säumen den Weg, und am Südende sind an der imposanten Kreuzkirche noch Reste des alten Dorfes erhalten. Folgt man der Bahnhofstraße Richtung Norden, passiert sie etwas später *Schloss Strünkede* und quert kurz darauf den *Rhein-Herne-Kanal* bei Kilometer 34,7. Kaum hat sie die Schifffahrtsstraße überwunden, führt sie als Bochumer Straße am *Hafen Recklinghausen* und am *Umspannwerk Recklinghausen* vorbei.

Ballastwasser
Um im unbeladenen Zustand nicht zu hoch aus dem Wasser zu ragen, ist es notwendig, dass die Frachtschiffe auf dem Kanal sogenanntes Ballastwasser zuführen. Und weil die Schiffe immer größer werden, müssen sie inzwischen im leeren Zustand fast so viel Ballastwasser wie sonst Ladung aufnehmen. Das Bunkern von einigen Tonnen Wasser dauert natürlich seine Zeit. Darüber hinaus wird das aufgenommene Ballastwasser möglicherweise durch die vorherige Ladung verunreinigt und kann später nicht einfach abgelassen werden, so dass es verlockend erscheint, es mit etwas weniger Wasser zu versuchen. Das jedoch kann zu ganz neuen Problemen, wenn nicht sogar zu ernsten Schwierigkeiten führen, wenn man nämlich für das Passieren der vielen Brücken zu hoch auf dem Wasser liegt und es etwa zu einer Kollision kommt.

Bauhafen der Wasser- und Schifffahrtsverwaltung des Bundes
In Herne liegt westlich der *Schleuse Herne-Ost* der Bauhafen Herne des *Wasser- und Schifffahrtsamtes Duisburg-Meiderich*; er wurde hier im Verlauf der Vertiefung des Kanals neu angelegt und dient nun für die Wartungs- und Reparaturarbeiten am Kanal mit seinen *Schleusen* und *Pumpwerken*.

Baukosten
Die acht Jahre dauernde Errichtung des *Rhein-Herne-Kanals* kostete rund 60 Millionen Reichsmark.
Im preußischen Wasserstraßengesetz von 1905 war für das Projekt ein Betrag von 54,5 Millionen Mark bewilligt worden - speziell auch aus heutiger Sicht ein großer Erfolg in Hinblick auf die Einhaltung der Baukosten.

Bauschwierigkeiten
Die herausfordernde Geländeform - ein von West nach Ost leicht ansteigendes und von Nord nach Süd welliges Profil, die dichte Besiedelung und die zu erwartenden *Bergsenkungen* infolge des Bergbaus waren die drei großen bautechnischen Schwierigkeiten, vor denen die Kanalplaner und -bauer Anfang des 20. Jahrhunderts standen.

Bauzeit
Entstehungszeit des *Rhein-Herne-Kanals*: Baubeginn war am 5. April 1906, beendet wurden die Bauarbeiten am 17. Juli 1914.

Bergsenkungen
Durch den Zusammenbruch bereits abgebauter Kohleflöze kann es an der Erdoberfläche über kurz oder lang zur Senkung oder zum Einbruch des Bodenniveaus kommen, was als Bergsenkung bezeichnet wird. Je nach Abbaugebiet haben sich im Ruhrgebiet schon erhebliche Höhenunterschiede ergeben.
Dies hat zu vielfältigen Problemen u. a. an Gebäuden und Verkehrswegen geführt und wird auch in Zukunft noch Schwierigkeiten bereiten.
Da der *Rhein-Herne-Kanal* bei seiner Errichtung etliche Grubenfelder durchquerte, waren die erwarteten Bergsenkungen eine der Schwierigkeiten, die berücksichtigt werden mussten.
So wurde schon bei der Planung am Kanalprofil und allen zu errichtenden Bauwerken von vorneherein an Möglichkeiten zum Ausgleich von eventuellen Bergsenkungen gedacht - und diese wurden im Verlauf der Zeit auch in größerem Umfang nötig!

„Berlin, Berlin - wir fahren nach Berlin"
Rhein-Herne-Kanal und Wesel-Datteln-Kanal bilden das Eingangstor zur einzigen West-Ost-Wasserstraßenverbindung über Hannover, Braunschweig und Magdeburg bis nach Berlin und darüber hinaus weiter bis zur Oder.

Berliner Brücke
Die heutige Autobahnbrücke in Duisburg wurde 1962 gebaut und überspannt den *Rhein-Herne-Kanal*, die Ruhr und Teile des *Duisburger Hafens*. Seinerzeit ein Abschnitt der innerstädtischen Schnellstraße, die den Duisburger Süden mit dem Nordteil der Stadt verband, war sie mit einer Länge von 1.824 m Europas größte Brücke.
Heute ist die Berliner Brücke immer noch eine der längsten Straßenbrücken Deutschlands und inzwischen Teil der Autobahn 59. Eröffnet wurde sie im September 1963 durch Willy Brandt, damals regierender Bürgermeister von West-Berlin, und so liegt dann auch die Namensgebung Berliner Brücke nahe.

Bescheidene Ziele
1922, zwei Jahre nach der Gründung des *Rudervereins Gelsenkirchen*, startete man zur ersten großen Wanderfahrt. Ziel war das *Schiffshebewerk* in Henrichenburg; auch wenn das Ziel aus heutiger Sicht bescheiden ist, darf man wohl sicher sein, dass die Ruderer bei ihrem Ausflug viel Spaß hatten.

Biergärten am Kanal
Biergärten findet man an verschiedenen Stellen am *Rhein-Herne-Kanal*, u. a. auf der *Kanalinsel* Henrichenburg (Wartburgstraße) und auch noch etwas weiter Richtung Norden im schon sehr ländlichen Umfeld von Castrop-Rauxel-Becklem (Suderwicher Straße).
Darüber hinaus gibt es an den *Schleusen* und den Sportboothäfen mitunter schöne Einkehrmöglichkeiten - also am besten mal wieder zu einem Ausflug mit der ganzen Familie aufbrechen, Augen auf und einkehren!

Bildergalerie am Kanal
Im Zusammenhang mit den Veranstaltungen im Kulturhauptstadtjahr RUHR.2010 wurde gemeinsam mit Künstlern aus NRW die gesamte Kanalstrecke von Duisburg bis Waltrop zum *KunstKanal*. Mehr als 800 Entwürfe gingen ein, die in verschiedensten Ausdrucksformen versuchten, den auswärtigen Besuchern und den Menschen, die im Revier zu Hause sind, alles rund um den Kanal näher zu bringen. Im Juni 2010 wurde die Ausstellung eröffnet. Sie zeigt an fünfzehn Standorten einige Arbeiten ausgewählter Künstler, die dort am Kanal vorgestellt werden. Als Langzeitprojekt geplant, soll die Freiluftausstellung 25 Jahre zu sehen sein, und wie bei „normalen" Kunstausstellungen auch, gibt es dazu einen Katalog. Viel Spaß beim Entdecken!

Binnenschiffer
Die Binnenschiffer in Deutschland haben sich in zwei Verbänden zusammengeschlossen: zum einen im *Bundesverband der Selbstständigen-Binnenschifffahrt* (Bonn) und zum anderen im *Bundesverband der Deutschen Binnenschifffahrt e. V.* mit Sitz in Duisburg.

„Blaues Band"
Ein „Blaues Band" aus Pflastersteinen quert beim *Gehölzgarten Ripshorst* in Oberhausen den *Rhein-Herne-Kanal*.
Es verbindet so symbolisch den Gehölzgarten mit der *Brache* und der *Burg Vondern*. Um dieses von Rhein-Herne-Kanal, *Emscher* und *Emscherschnellweg* (A 42) durchzogene Areal zu einem Verbindungsraum zu gestalten, wurden in einer Gemeinschaftsaktion Kunstwerke aufgestellt, Ruhebereiche und Aussichtsstellen geschaffen. Dabei gelang es auch, durch die Einbindung alter Bergbaurelikte die Erinnerung an die Zeiten des Kohleabbaus (ehem. Zeche Vondern) aufrechtzuerhalten.

Bootshaus Oberhausen
Es ist nicht, wie naheliegend, die Unterbringungsmöglichkeit für Boote gemeint, sondern eine traditionsreiche Gaststätte am nördlichen Ufer des *Rhein-Herne-Kanals* auf dem Gelände des *Rudervereins Oberhausen*.
Dort hat sich eine stilvolle Gastronomie mit dem Schwerpunkt auf original italienische Spezialitäten entwickelt, die ein Spitzenkoch aus Bologna auf den Tisch zaubert. Man kann mit Blick auf den Kanal und den *Gasometer* draußen auf verschiedenen Terrassen sitzen, und es gibt sogar einen Kiesstrand mit Strandkörben. Der Rad- und Fußweg entlang des Kanals führt am Haus vorbei, schöne Spaziergänge direkt am Ufer bieten sich an; Konrad-Adenauer-Allee 75 (www.bootshaus-ob.de)

Bootshaus-Herne
Auch das „Bootshaus-Herne" beherbergt (wie das Bootshaus Oberhausen) nicht etwa Ruder- und Paddelboote, sondern lädt zur Einkehr mit Kanal-Ambiente ein, denn es liegt unmittel-

Blick vom Leinpfad auf die Bladenhorster Brücke in Castrop-Rauxel

Die Hertener Straßen-Brücke quert bei Kilometer 32,4 den Kanal

Restaurierungsmaßnahmen an der Brücke der A 42

Bei Brückendurchfahrten ist Maßarbeit gefragt - hier an der Sterkrader Straßen-Brücke beim Gasometer Oberhausen.

bar an der Nordseite der Wasserstraße mit Blick auf die *Schleuse Wanne-Ost* (Am Westhafen). Das umliegende Gelände gehört zwar zum *Ruderverein Emscher*, es steht aber allen offen.
Im großen Saal finden gut 150 Gäste Platz, weshalb das „Bootshaus" gerne für Hochzeiten und andere Feiern genutzt wird. Und auch als Einkehrmöglichkeit für Radfahrer, Wanderer und Spaziergänger ist es sehr beliebt, denn der Fernwanderweg XE (Emscher-Park-Weg) und einige Radwege wechseln an der Schleuse die Kanalseite.
(www.bootshaus-herne.de)

Bootsurlaub im Ruhrgebiet
Das dichte Netz der Kanäle und Flüsse bietet eine überraschend gute Möglichkeit, das Ruhrgebiet von der Wasserseite aus kennen zu lernen. Vorbei an inzwischen sehr grün gewordenen Uferbereichen können u. a. etliche beeindruckende Relikte der Industriekultur besucht werden. Eine Reihe neuer oder umgebauter Häfen bieten den Sportboot-Kapitänen attraktive Liege- und Rastplätze an.

Bottroper Kanu-Club
Gegründet 1954, liegt das Vereinshaus auf einem schönen Wiesengelände bei Kanalkilometer 13,8 am Nordufer des Kanals (Einbleckstraße 30) gegenüber dem Essener *Freibad „Hesse"*.
Die Paddler haben sich dem Wildwasserfahren verschrieben, bauten sich am Bootshaus in Bottrop eine eigene Torstangenanlage, um besser trainieren zu können. Nicht ohne Erfolg: So waren zeitweise ihre Aktiven im gesamten Bundesgebiet zu Wettkämpfen unterwegs.
Seit etwa 25 Jahren gibt es beim Bottroper Kanu-Club eine gute Kooperation mit zwei Oberhausener Schulen, von denen eine bis heute regelmäßig mit ihrer Kanu-AG zum Paddeln kommt. Ein schöner Nebeneffekt des Schul-Engagements: Die rund 100 Mitglieder des Vereins bekommen fast automatisch immer wieder interessierten „Nachwuchs" in ihre Reihen.
(www.bottroper-kanu-club.npage.de)

Bottroper Straße
Sie überwindet gleichzeitig mit einer Güterbahnlinie den Kanal im Grenzgebiet zwischen Essen (südlich) und Bottrop (nördlich) bei Kanalkilometer 14,7 und liegt etwa zwischen dem *Ölhafen König Wilhelm* (dem früheren Christian-Levin-Hafen) und dem *Hafen Bottrop.*

Brache Vondern
Auf diesem brachliegenden Gelände stand früher die Zeche Vondern.
Am Ende des 19. Jahrhundert begannen einst die Abteufarbeiten des Bergwerks, in den 1930er-Jahren wurde die Förderung eingestellt, während man danach die Anlage noch gut 30 Jahre zur Wetterführung nutzte, bevor sie komplett abgebaut wurde.
1974 fiel der nördliche Teil der sich selbst überlassenen Brache dem Bau des *Emscherschnellwegs* zu. Dort bindet eine kleine Unterführung die ehemalige Zechensiedlung und das Gelände von *Burg Vondern* an die *Emscher*, die *Emscherinsel* und den *Rhein-Herne-Kanal* an. Über den Kanal führt anschließend die *Schlaich-Brücke* in den *Gehölzgarten Ripshorst*.
Die Brache Vondern wird heute als Naherholungsgebiet und Kunstinstallationsraum genutzt und ist in den *Emscher Landschaftspark* eingegliedert. So kann die spezialisierte und doch artenreiche

2014 feiert der Bottroper Kanu-Club sein 60-jähriges Bestehen

Pflanzen- und Tiergesellschaft der Brache auf naturkundlichen Wanderungen vom *Haus Ripshorst* aus erkundet werden. Auch die *Route der Industriekultur* führt hier entlang und ebenso zur 1905 im Stil einer Gartenstadt angelegten Siedlung Vondern.

Bremsweg
Der Bremsweg ist bei Schiffen ungemein lang. So liegt die gesetzlich vorgeschriebene Anhaltestrecke bei maximal 500 Metern! Da diese Schiffe durch die große Trägheit naturgemäß auch nicht besonders wendig sind, sollte man ein ungewolltes Aufeinandertreffen - sei es als Schwimmer oder Bootsführer - in jedem Fall vermeiden!

Brücke Alleestraße
Die frühere Straßenbrücke im Nordwesten von Herne wurde abgerissen, weil die Widerlager der alten Brücke von 1952 nicht mehr den Schwankungen durch *Bergsenkungen* angepasst werden konnten, war doch der vorgesehene Spielraum bereits ausgeschöpft.
Ein Neubau entstand ein wenig weiter östlich, bei km 29,5, jedoch nur als Fußgänger- bzw. Radbrücke, die 2003 für die Öffentlichkeit freigegeben werden konnte. Die Alleestraße kann ohne Brücke natürlich nicht mehr durchgängig befahren werden, und so gab man dem nördlichen Teil gleich auch einen neuen Namen: Zur Künstlerzeche.

Brücken als Zeitfenster
Unter diesem Titel wird es im Jubiläumsjahr 2014 von Ende April bis Ende September eine besondere Ausstellung geben. Dabei kann man unter vielen Brücken des Kanals großformatige Bilder mit Motiven aus der Geschichte der Wasserstraße bestaunen.

Brückenhöhe
Aktuell gibt es an den Brücken des *Rhein-Herne-Kanals* eine garantierte Durchfahrtshöhe von 5,5 Meter.
Von vorneherein wurden beim Bau des Kanals die Durchfahrtshöhen der Brücken einen Meter höher als üblich angelegt, um mehr Spielraum für die Folgen von *Bergsenkungen* zu haben, aber die Senkungen traten noch viel stärker auf als erwartet. So musste z. B. eine Brücke in Essen noch während der Bauzeit des Rhein-Herne-Kanals angehoben werden. An dieser Stelle beträgt die Bergsenkung inzwischen über 12 Meter!

Brückenpfeiler in Gefahr
Die langen Motorschiffe, die den Kanal befahren, sind gar nicht so leicht zu steuern. Nicht zuletzt wegen ihrer großen Trägheit braucht es viel Erfahrung, sie in ihren Fahreigenschaften richtig einzuschätzen. So kommt es auch immer wieder zu Unfällen, wie etwa im Sommer 2012 an der Brücke der Grothusstraße am *Nordsternpark* in Gelsenkirchen: Ein noch unbeladenes Tankmotorschiff (81 m lang und 10 m breit) war von Essen nach Gelsenkirchen unterwegs, als es zu dem Unfall kam.
Die Wasserschutzpolizei vermutete als Unfallursache, dass der Schiffsführer wenige Sekunden zu früh beschleunigt hatte. Daraufhin kam das kaum beladene Schiff zu hoch aus dem Wasser und rammte den Pfeiler.
Glücklicherweise wurde niemand verletzt. Zwar war das Schiff beschädigt, aber weiterhin fahrbereit. Die Straßenbrücke, die vorausschauend aus zwei unabhängigen Brückenseiten besteht, musste auf einer Seite geschlossen werden, da einige Brückenträger verbogen wurden. So konnte der Verkehr

im Wechsel über die unbeschädigte Brückenseite weitergeführt werden und eine Umleitung war nicht notwendig.

Brückenspringen
Solange es die Kanalbrücken gibt, war und ist es vornehmlich von Jugendlichen eine beliebte Aktion, von den Brücken ins Wasser zu springen. Es ist aus mehreren Gründen aber überaus gefährlich und deshalb streng verboten. Neben der geringen Wassertiefe und der Gefährdung durch die Binnenschifffahrt darf auch nicht vergessen werden, dass leider der Kanal auch zur „Entsorgung" von allerlei Müll missbraucht wird.
So kann es zu schweren Verletzungen führen, wenn die Springer im Wasser auf alte Fahrräder oder sonstige Gegenstände aufprallen. Letzteres gilt übrigens auch beim Springen von den Spundwänden oder Festmachpollern!

Brücke Ripshorst
Eine kühne Brückenkonstruktion nach den Entwürfen des Stuttgarter Professors Schlaich: In geschwungener Form überspannt ein Stahlrohrbogen den Kanal (bei km 11,4) und verbindet den *Gehölzgarten Ripshorst* mit dem Emscher-Park-Radweg. Die Fußweg- und Radbrücke wurde 1995 erbaut und ist auch unter dem Namen *Schlaich-Brücke* bekannt.

Bundesgartenschau 1997
Das Gelände der ehemaligen Zeche Nordstern in Gelsenkirchen ist nach der Stilllegung 1993 von Grund auf saniert und in einen Landschaftspark verwandelt worden.
1997 kam es so zu einer besonderen Premiere, denn noch nie zuvor wurde auf einer ehemaligen Industriefläche eine Bundesgartenschau (BUGA) veranstaltet. Die den Park durchquerenden Gewässer *Emscher* und *Rhein-Herne-Kanal* wurden ebenso in die Neugestaltung miteinbezogen wie ehemalige Halden und die verbliebenen Zechengebäude - eine gelungene Aktion. Nach der BUGA wurde der *Nordsternpark* zu einem beliebten Naherholungsgebiet, der sowohl im European Garden Heritage Network als auch in die *Route der Industriekultur* eingebunden ist.

Bundesliga auf dem Kanal
Im Juli 2009 fand ein Rennen der neu gegründeten Ruder-Bundesliga auf dem *Rhein-Herne-Kanal* statt. Ausrichter war der *Ruderverein Rauxel*, der mit Mitgliedern, Fans und Zuschauern den Kanal fast „zum Kochen" brachte. Der Ruder-Achter des vergleichsweise kleinen Vereins schaffte einen kaum erwarteten 6. Platz.

Bundespräsident lobt Binnenschiffer
Auf dem im Juli 1955 abgehaltenen Deutschen Binnenschiffertag in Duisburg lobte der damalige Bundespräsident Theodor Heuss die enorme Leistung der Binnenschiffer in der Nachkriegszeit.
1945 schien die Situation aussichtslos, doch durch enorme Bemühungen konnte die deutsche Flussschifffahrt - sogar ohne staatliche Subventionen zu bekommen - wieder aufgebaut werden.

Bundesverband der Deutschen Binnenschifffahrt (BDB)
Der Bundesverband wurde 1974 in Duisburg-Ruhrort gegründet und fasst Verbände von verschiedenen Wasserstraßen Deutschlands zusammen. Er vertritt die Interessen sowohl der Güter- als auch der Personenschifffahrt.

Da es auch in der Binnenschifffahrt immer internationaler zugeht, hat sich der BDB bereits 2001 mit anderen Binnenschifffahrtsverbänden zur Europäischen Binnenschifffahrtsunion zusammengeschlossen.

Bundesverband der Selbstständigen-Binnenschifffahrt e. V.
Bereits Mitte der 1970er-Jahre taten sich selbständige Unternehmer aus der deutschen Binnenschifffahrt zusammen, um künftig gemeinsam ihre Interessen in Wirtschaft und Gesellschaft zu vertreten. Der Verband engagiert sich auch auf europäischer Ebene und ist in Bonn ansässig.

Bundeswasserstraßen
Dazu gehören alle großen Flüsse und Kanäle sowie die Küstengewässer in der Bundesrepublik Deutschland.
Das Wasserstraßennetz hat eine Länge von rund 7300 km und wird unterschieden in Binnenwasserstraßen und Seewasserstraßen. Naturgemäß entfallen auf das Netz der Seewasserstraßen nur 700 km. Eigentümer der Bundeswasserstraßen ist der Bund, der diese durch eigene Behörden verwaltet: die Wasser- und Schifffahrtsverwaltungen (WSV).

Burg Vondern
Auf dem schmalen Landstück, zwischen *Emscherschnellweg* und dem Verschiebebahnhof bei Oberhausen-Osterfeld in unmittelbarer Nähe des Kanals gelegen, findet man Burg Vondern. Einst ein Lehen der Grafen und Herzöge von Kleve, wurde sie im 13. Jahrhundert erstmals urkundlich erwähnt, aber wann die ehemalige Wehrburg gegründet wurde, ist unklar. Die Anlage besteht aus einem Herrenhaus und einer zweiflügeligen

Auch die Binnenschiffer organisieren sich in eigenen Berufsverbänden

Vorburg. Bereits vor 1000 Jahren soll hier eine befestigte Siedlung gestanden haben. Heute können die „neueren" Teile aus dem 16. und 18. Jahrhundert besucht und besichtigt werden. Nach dem Zweiten Weltkrieg kam die Burganlage in den Besitz der Stadt Oberhausen und wurde zunächst weiterhin landwirtschaftlich genutzt.
Seit 1982 kümmert sich die Stadt in Zusammenarbeit mit einem neugegründeten Förderverein um die Erhaltung der historischen Gebäude, die 1987 unter Denkmalschutz gestellt wurden.
So finden im Herrenhaus Kunstausstellungen und Konzerte statt, und im Obergeschoss hat die Stadt Oberhausen ein Trauzimmer eingerichtet. Zudem werden in der Vorburg Ausstellungsstücke gezeigt, die bei archäologischen Grabungen im Umfeld der Burg gefunden wurden. Inzwischen ist das ehemalige

Stallgebäude wiedererrichtet worden und kann für Seminare und ähnliches angemietet werden.
Gleich mit in den Besuch einschließen könnte man die frühere Zechensiedlung Vondern an der Arminstraße. Sie entstand 1905 im Stil einer Gartenstadt und sollte mit ihren großen Gärten den Bergleuten die weitgehende Selbstversorgung ermöglichen - inklusive eigenem Schwein und Ziege, der sogenannten Bergmannskuh.

Bootsurlaub im Ruhrgebiet

Bus und Bahn statt Kanal
Die etwa zehn Schiffsführer der *Weißen Flotte Baldeney*, die mit einem Schiff auch ständig auf dem *Rhein-Herne-Kanal* unterwegs sind, wechseln jedes Jahr mit dem Ende der Bootssaison im Oktober ihr Arbeitsgebiet, denn alle sind dann für die Essener Verkehrsbetriebe - deren Tochter die Weiße Flotte ist - als Bus- und Straßenbahnfahrer unterwegs. Pünktlich zum 1. Mai geht es dann mit Freude wieder von der Straße aufs Wasser.

Buschhausener Straße
Die Straße verbindet den Stadtteil Oberhausen Buschhausen mit dem Zentrum von Oberhausen und überbrückt dabei bei Kilometer 7,1 auch den Kanal.
Die erste Buschhausener-Straßen-Brücke wurde 1960 gebaut und bekam 1989 einen parallel verlaufenden Ergänzungsbau.

Urlaub auf dem Kanal wird immer beliebter

Bußgeld
Schwimmer müssen mit Geldstrafen ab 20 Euro rechnen, wenn sie den Sicherheitsabstand von etwa 200 Metern zu *Schleusen*, Wehren und Brücken nicht einhalten; mindestens 50 Euro fallen an, wenn man beim Springen von Brücken erwischt wird.

C

Am CentrO

Canu-Touring-Wanne e. V.
Der Verein hat am südlichen Kanalufer (bei Kilometer 32,2) an der *Hertener Straße* 41a in Herne seine Heimat gefunden.
Dort gibt es auch eine Kanustation des Deutschen-Kanu-Verbandes.

Castroper Turnverein
Im 1874 gegründeten Verein bildete sich 1929 auch eine eigene Faltbootabteilung. Mit den damals üblichen Faltbooten unternahm man Wanderfahrten und übte regelmäßig auf dem *Rhein-Herne-Kanal*. 1950 konnte man auf dem nordöstlichen Ende der *Wartburginsel* ein Grundstück pachten und 1953 das eigene Bootshaus einweihen.
1975 schloss sich der Verein mit den Rennkanuten der Paddlergilde Castrop-Rauxel zusammen, so dass jetzt auch der Rennsport im Verein einen Platz fand. Da man sich inzwischen ebenso zum gemeinsamen Wandern, zu Bergtouren und zum Radfahren aufmacht, bilden sie nun die Kanu- und Outdoorabteilung im Castroper Turnverein.
Im Vereinsheim an der *Wartburgstraße* 278 treffen sich die rund 100 Mitglieder regelmäßig, auch im Winter, spielen Tischtennis oder pflegen das gemütliche Beisammensein.

Castroper Vereins-Mehrkampf
Um den Sport an sich, aber auch den Spaß und Kontakt unter den Sportlern der Stadt zu fördern, gab es einige Jahre lang den Castroper Vereins-Mehrkampf, bei dem sich Aktive der verschiedensten Castroper Sportvereine zusammenfanden, um sich in ihrer Vielseitigkeit zu messen. Jeder teilnehmende Verein trat mit fünf Sportlern an, die dann in vier „fremden“ Disziplinen und ihrer

„Haussportart" bestehen mussten.
So kam es, dass sich Billardspieler und Bahnengolfer auch mal auf dem *Rhein-Herne-Kanal* als Kanuten probierten.
Um die Wettkampfaussichten zu verbessern und das Kennenlernen zu fördern, hatten die beteiligten Sportler zuvor Trainingsmöglichkeiten in den „Fremddisziplinen".
Möglicherweise konnte so der eine oder andere ganz neue Fähigkeiten an sich entdecken... Auf jeden Fall bereicherte diese Aktion für einige Jahre das Bild des Kanalabschnitts in Castrop.
Wer weiß, vielleicht kommt es noch einmal dazu, dass die nette Idee wiederbelebt wird.

CentrO
Im September 1996 wurde das bislang größte Einkaufszentrum Europas in der Neuen Mitte Oberhausen eröffnet.
Baukosten: etwa 2 Mrd. DM. Wo früher die Schwerindustrie auf einem riesigen Areal südlich des *Rhein-Herne-Kanals* produzierte, kann man jetzt ungestört shoppen. Doch Europas größtes Einkaufszentrum hat außer Läden noch viel zu bieten: Neben zwanzig Restaurants, Cafés oder Lokalen gibt es auch ein Multiplexkino und einen Freizeitpark, ein Musical-Theater, eine Veranstaltungshalle u. v. m. Nach ein paar wenigen Schritten ist von dort auch der vom Trubel fast unbeeindruckte Rhein-Herne-Kanal erreicht.

Cerne, Rudi
Der bekannte ehemalige Eiskunstläufer und heutige Fernsehmoderator aus Herne (u. a. „Aktenzeichen XY") lief in seiner Kindheit auch auf dem gefrorenen *Rhein-Herne-Kanal* Schlittschuh.
An den Sport herangeführt wurde Rudi Cerne von seinem Vater (Jahrgang 1920), der selbst ein sehr talentierter Läufer gewesen war und auch gelegentlich auf dem Kanal seine Runden gedreht hatte, bis der Zweite Weltkrieg seine Karriere erst unterbrach und schließlich ganz beendete, denn Vater Cerne verlor ein Bein und kam versehrt nach Hause. So stellte er dann den kleinen Rudi mit etwa sechs Jahren aufs Eis und trainierte intensiv mit ihm. Rudi Cerne konnte 1978 und 1980 die Deutschen Meisterschaften gewinnen und errang 1984 die Silbermedaille bei den Europameisterschaften in Budapest; im selben Jahr belegte er darüber hinaus Platz 5 bei den Weltmeisterschaften in Ottawa (Kanada) und erreichte den vierten Platz bei den Olympischen Spielen in Sarajevo. (Siehe auch: Schlittschuhläufer ...)

Comedy-Schiff
Schiffsfahrten auf dem *Rhein-Herne-Kanal* werden immer beliebter. So nutzen nicht nur Vereine und Gesellschaften die Fahrgastschiffe für Veranstaltungen, sondern auch Künstler gehen auf Fahrt. Unter anderem stach auch schon Ruhrpott-Comedian Hausmeister Anton Klopotek auf dem zum Comedy-Schiff „umfunktionierten" *Ausflugsschiff „Friedrich der Große"* „in See".
Am Anleger in Herne-Horsthausen bekommt man gleich mit dem Ticket also auch die Fahrkarte, sozusagen „zwei in einem".

Crange
Stadtteil von Herne, der sich am Südufer des Kanals erstreckt. Überregional bekannt ist Crange durch die Cranger Kirmes, die immer am 10. August beginnend das größte Volksfest im Ruhrgebiet ist. Von weither kommen dann die zahlreichen Besucher.

Die Cranger Kirmes - jedes Jahr kommen Millionen Besucher ans Kanalufer nach Herne

Schon vor vielen hundert Jahren fand an einer Biegung der *Emscher* (Krang: Windung) ein Warenmarkt mit Volksfest statt. Auf dem seit dem Mittelalter bestehenden Pferdemarkt wurden am Laurentiustag Wildpferde verkauft.

Cranger Kirmes

Im Ruhrgebiet geradezu legendär!

Die Cranger Kirmes hat ihr Festgelände am *Rhein-Herne-Kanal*, auf dem Areal der ehemaligen *Zeche Unser Fritz*, in Herne-Crange. Los geht es jeweils am ersten Freitag im August. Früher dauerte das Ganze nur wenige Tage, wurde aber immer beliebter und nach und nach bis auf zehn Tage verlängert.

Die Geschichte dieses Volksfestes lässt sich bis ins Mittelalter zurückverfolgen, als man die im nahegelegenen Emscherbruch lebenden Wildpferde zusammentrieb und auf dem daran anschließenden Pferdemarkt verkaufte. Wie damals üblich, wurden auf einem Markt nicht nur Waren angeboten, sondern es traten auch Musikanten und Schausteller auf, im Festzelt wurde getrunken und gefeiert.

Aus einem Dorffest entwickelte sich eines der größten deutschen Volksfeste, das jedes Jahr mehrere Millionen Gäste anlockt und die ganze Region in einen Ausnahmezustand versetzt! Fünf Kilometer legt der Besucher zurück, will er den rund 500 Buden und Fahrgeschäften entlanggehen, die sich auf dem über 80.000 Quadratmeter großen Gelände versammelt haben. Von der klassischen Losbude bis zum spektakulären Fahrgeschäft findet man alles. Weit über Herne hinaus ist das erleuchtete Riesenrad zu sehen, optisch übertroffen nur vom Feuerwerk, das traditionell den Abschluss der Cranger Kirmes bildet.

Am Dattelner Kanaldreieck

D

„Dann habe ich sie gesägt"
Großartiger Sketch des verstorbenen Ruhrpott-Originals Jürgen von Manger aus Herne, in dem er in seiner Paraderolle des Adolf Tegtmeier, des Mordes an seiner Schwiegermutter angeklagt, lakonisch einem Richter erzählt, wie er seine Schwiegermutter zuerst getötet und, weil der Bollerwagen zum Abtransport zu klein war, die Leiche im Keller in Stücke gesägt habe, um sie anschließend in drei Fuhren zum *Rhein-Herne-Kanal* zu bringen und zu versenken. Was normalerweise grausig klingen müsste, wurde in der typisch unaufgeregten Art und dem breiten Ruhrgebiets-Slang des Jürgen von Manger dargebracht ein Highlight seines Programms.

Dannekampschule
- Pauken mit Kanalblick
Die ehemalige Grundschule liegt im Westen von Herne (Grimberger Feld) und wurde 1957 fast unmittelbar am Nordufer des Kanals erbaut. Sie gehört zur sogenannten Dannekampsiedlung, die seinerzeit als Bergarbeitersiedlung u. a. der Zeche *Unser Fritz* entstand. Der Schulbetrieb wurde bis 2008 durchgeführt; seitdem wird das denkmalgeschützte Gebäude von mehreren sozialen und kulturellen Einrichtungen genutzt. Die Stadt Herne sucht nach einem Investor, der sich hier engagiert.

Datteln
Stadt im Norden des Ruhrgebiets, die sehr stark durch die Kanäle geprägt wird, speziell vom Datteln-Hamm-Kanal und dem Wesel-Datteln-Kanal.
Kurz bevor der *Rhein-Herne-Kanal* in den *Dortmund-Ems-Kanal* mündet, reicht er jedoch auch noch an das Dattelner Stadtgebiet heran. Dabei gehört allerdings seine östliche Uferseite mit dem Vorhafen des ehemaligen *Schiffshebewerks Henrichenburg* am *Schleusenpark Waltrop* schon zum Stadtgebiet von Waltrop.

Dattelner Straße
Die Brücke der B 235 (Dattelner Straße) ist bei Kanalkilometer 44,8 die letzte Brücke des *Rhein-Herne-Kanals*, denn nicht mal einen Kilometer weiter geht er in der Nähe des *Schiffshebewerks Henrichenburg* in den *Dortmund-Ems-Kanal* über, der an dieser Stelle aus Richtung Dortmund dazustößt.

Dauerbaustelle
Seit der Einweihung 1914 gab es wohl keine Zeiten, in denen am Kanal nicht irgendetwas erneuert oder repariert wird. So musste z. B. in Essen noch während der Bauzeit des Kanals eine Brücke erneuert werden, da eine deutlich größere *Bergsenkung* eingetreten war als zuvor berechnet. Mit dem Wachsen der Schiffe mussten nach und nach alle *Schleusen* erweitert und Kurvenradien angeglichen werden. Und wenn frühestens nach 2015 auch das gesamte Kanalbett ausgebaut sein wird, kann man wohl kaum mehr ein hundertjähriges Bausteinchen am Kanal finden. Doch auch dann werden die Baumaßnahmen weitergehen, wird die Fernsteuerung der Schleusen weiter vorangetrieben, die verstärkte Freizeitnutzung des Kanals organisiert und ... und ... und.

Day of Song
Für den nächsten Day of Song Ende September 2014 planen die Anliegerorte des *Rhein-Herne-Kanals* eine eigene SING-Strecke am Kanal. Beim Day of Song 2012 haben etwa 200.000 Sänger und Sängerinnen im Ruhrgebiet mitgemacht - ein großer Erfolg.

Deichbruch an der Emscher
Nach tagelangen Regenfällen brach im Februar 1946 in den späten Abendstunden der Emscherdeich bei Essen-Karnap, wo die *Emscher* unmittelbar neben dem Kanal verläuft. Da seinerzeit Telefone fehlten, konnten die Bewohner der Nachbarregion in Gelsenkirchen-Horst nicht rechtzeitig gewarnt werden: 7000 Menschen wurden von den Wassermassen eingeschlossen.
Als die Pumpstationen an der Emscher versagten, stieg das Wasser in einigen Straßen (insbesondere um den Bahnhof Horst-Süd) bis zu den Hausdächern. Erst nach 14 Tagen gelang es, auch mit Hilfe der Belegschaft der Zeche Nordstern, die ebenfalls Pumpen zur Verfügung stellte, den Dammbruch zu reparieren. (Siehe auch: Hochwasser)

Deutsche Lebensrettungsgesellschaft (DLRG)
Die Aktiven verschiedener Ortsgruppen der *DLRG* haben sich an den Kanalabschnitten niedergelassen und betreuen dort u. a. den geduldeten Schwimmbetrieb, die Paddler und Ruderer im Freizeitbereich und bei Regatten und helfen, wo immer Not am und im Wasser besteht.

DLRG Castrop-Rauxel
1929 erfolgte die Gründung der DLRG Bezirksgruppe Castrop-Rauxel.
Nach dem Zweiten Weltkrieg wurde diese als Kreisgruppe in den Bezirk Dortmund untergeordnet. Mit über 400 Mitgliedern ist Castrop-Rauxel die größte Kreisgruppe der DLRG im Bezirk Dortmund. Sie hat ihren Standort im Vereinsheim eines ehemaligen Kanuclubs.

DLRG Gelsenkirchen
Vom Vereinsgelände in der Nähe der bekannten Müllers-Mühle betreut die DLRG Gelsenkirchen ihren Kanalabschnitt. 1949 wurde mit Gelsenkirchen-Mitte die erste Ortsgruppe der Stadt

Damals ... Die DLRG war auch früher schon mit Tauchern am Kanal aktiv - hier die Ortsgruppe Gelsenkirchen.

Ein neues Einsatzfahrzeug der DLRG Gelsenkirchen wird zu Wasser gelassen

Im Schatten der Zeche „Unser Fritz“ ist die DLRG Wanne-Eickel/Herne schon seit 1925 aktiv

Gut ausgerüstet leistet die DLRG am Rhein-Herne-Kanal ihren Wachdienst - hier die Ortsgruppe Gelsenkirchen bei einer Übung.

Unterstützung von „oben" für die Arbeit der DLRG Wanne-Eickel/Herne

gegründet, auch wenn die DLRG in Gelsenkirchen schon seit dem Jahr 1925 aktiv war.
Ende 1952 hob man den DLRG-Bezirk Gelsenkirchen aus der Taufe (damals zunächst bestehend aus den Ortsgruppen Gelsenkirchen-Mitte und Wattenscheid, später auch aus den neu gegründeten Ortsgruppen Gelsenkirchen-Buer und Gelsenkirchen-Horst).
Der Bezirk hat heute rund 2000 Mitglieder. Seit 1999 betreibt die DLRG Gelsenkirchen eine eigene Rettungsstation am *Stadthafen*.

DLRG Oberhausen
Die Oberhausener Gruppe der Deutschen Lebensrettungsgesellschaft gründete sich 1939, und noch im selben Jahr hatte man sich ein kleines Vereinsheim direkt am Kanal - gegenüber des bekannten *Kaisergartens* - gebaut. Zwar wurde das Haus im Krieg beschädigt, doch die Oberhausener richteten es gleich darauf wieder her und konnten es 1952 sogar um ein Geschoss erweitern. Das war auch nötig, denn man hatte inzwischen rund 1000 Mitglieder und eine Menge Aufgaben zu bewältigen. An schönen Tagen war der Kanal immer schon begehrtes Ausflugsziel, man wurde zu Unfällen gerufen und übernahm die Aufsicht bei Regatten, die auf dem Kanal stattfanden. (Siehe auch: Schwimmen - damals)

DLRG Wanne-Eickel/Herne
Die *DLRG* besteht seit 1925 im heutigen Herne. Da es zuerst kaum Schwimmbäder gab, wurde auch im Osthafen am Kanal die Schwimmausbildung abgehalten. 1958 konnte man mit Hilfe der Stadt das erste Motorboot („Alt-Crange“) für den Rettungswachdienst anschaffen, der zu dieser Zeit noch mit

Brücken im Doppelpack am Kanal in Essen

einem Zelt als Wachstation auskommen musste. Auf einem verwilderten Wiesenstück der Zeche *„Unser Fritz“* fand man dann eine dauerhafte Heimat, ein ausrangierter Waggon wurde die erste feste Unterkunft, und 1970 stellte man mit „Unser Fritz“ ein zweites Boot in Dienst. Heute kommt der Verein auf rund 1.000 Mitglieder, deren Rettungswache an der Belgorodstraße direkt am Kanal zu finden ist.

Doppeldeckerbrücken
Nicht weit vom *Stadthafen Essen* gelegen (bei Kanalkilometer 17), wird etwas östlich die Wasserstraße gleich von zwei Brücken übereinander überwunden. Von Süden kommt die Hafenstraße (aus Essen), die auf Höhe des Kanals zur Vogelheimerstraße wird (dann auf Bottroper Stadtgebiet). Über Kanal und Straßenbrücke hinweg leitet

dort außerdem, quasi eine Etage höher, die Autobahnbrücke der A 42, die kurzerhand auch noch den *Hafen Bottrop* und die *Wasserschutzpolizei* Essen „überschattet“.

Doppelt gemoppelt schleust besser

Um die zu erwartenden Probleme durch *Bergsenkungen* zu verringern, hatte man beim Bau mit Absicht die *Schleusen* so platziert, dass sie dort entstanden, wo die Geologie dem Bergbau Schwierigkeiten machen würde, so dass an diesen Stellen mit einem geringeren Abbau von Kohle gerechnet werden konnte. Auch war geplant, in diesen Bereichen nur mit besonderen Vorsichtsmaßnahmen den begehrten Rohstoff abzubauen. Aber wer wusste damals schon hundertprozentig, wie sich die massiven Schleusenbauwerke auf die darunter befindlichen Erdformationen auswirken würden? So baute man sicherheitshalber je Staustufe gleich zwei Schleusenkammern (eine sogenannte Schleusengruppe), die etwas versetzt voneinander errichtet wurden.

Man hoffte, dass wenn eine Schleuse wegen Schäden ausfallen würde, man mit der etwas entfernt davon stehenden weiter arbeiten konnte - eine Überlegung, die sich im Laufe der Zeit als sehr weitsichtig herausstellte.

Dorstener Straße

Eine der wenigen Straßen, die den Kanal mehr in Ost-West-Richtung statt in Nord-Süd-Richtung überquert. Die Dorstener Straße kommt als B 226 aus dem Zentrum von Bochum, schwenkt in Herne kurz vor der A 42 nach links und überwindet den Kanal im spitzen Winkel (bei km 30,0). Sie führt am ehemaligen Zechenstandort *Unser Fritz* vorbei und bleibt über rund zwei Kilometer in unmittelbarer Kanalnähe, ändert dann an der Stadtgrenze zu Gelsenkirchen den Namen in Willy-Brandt-Allee, bleibt aber bis etwa zur *Münsterstraße* am nördlichen Kanalufer.

Die den Kanal überspannende Dorstener Straßen-Brücke wurde 1958 gebaut und hat eine Stützweite von 80 m.

Blick auf die Kohleninsel im Duisburger Hafen (von der Ruhrorter Straße aus)

Dortmund-Ems-Kanal

Seine Errichtung 1899 war der erste Schritt für das dringend benötigte Transportsystem in Ost-West-Richtung. Der rund 225 km lange Kanal verbindet Dortmund mit dem Seehafen Emden. Fünfzehn Kanalstufen müssen dabei überwunden werden, deren erste sich nach etwa 15 km bei Waltrop befindet.

Hier, am *Schiffshebewerk* in Waltrop, mündet der *Rhein-Herne-Kanal* in den Dortmund-Ems-Kanal.

Drempeltiefe
Mit diesem Begriff wird die Wassertiefe am oberen Tor einer *Schleuse* bemessen. Das Wort Drempel kommt aus dem Mittelhochdeutschen und bedeutet Türschwelle. Im Fachbereich der Schleusentechnik ist damit die Schwelle des bergseitigen Schleusentores gemeint. Der Abstand zwischen Drempel und Wasseroberfläche wird demnach als Drempeltiefe bezeichnet.
Damit wird der maximale Tiefgang für die Schiffe begrenzt, die die Schleuse durchfahren können.

Duisburger Hafen
Der heutige Duisburger Hafen ging aus dem alten *Ruhrorter Hafen* hervor, hat sich erfolgreich den ständig neuen Anforderungen angepasst und ist zum größten Binnenhafen der Welt gewachsen. Aktuell sind 17.000 Arbeitsplätze in Duisburg und rund 36.000 in der gesamten Region vom Hafen abhängig.
Der Duisburger Hafen umfasst mit seinen drei Häfen, Hafen Zentrum (Innenhafen), *Ruhrort* und Hochfeld, eine Fläche von 740 Hektar. Der Innenhafen wurde im Rahmen der *IBA Emscher Park* völlig neu gestaltet. Er bildet nun in einem Mix aus Erhaltenem und Hochmodernem ein attraktives Stadtquartier, das Wohnen, Arbeiten, Kultur und Freizeit am Wasser vereint. Auf dem Weg vom Kanal zum Rhein kommt man unmittelbar am Ruhrorter Hafen vorbei. Mit der Schifffahrt setzte im 17. Jahrhundert ein wirtschaftlicher Aufschwung für die Region ein, es entstand die Schiffergilde Ruhrort, man unterhielt bald Handelsverkehr über den Rhein zum Nachbarn Holland.
Zu Beginn des 18. Jahrhunderts wurde dann die erste Werft gegründet und der Ausbau des Hafens begann.

duisport
Kurzbezeichnung für die Duisburger Hafen AG; sie ist der Betreiber des *Duisburger Hafens* und handelt mit den Tochtergesellschaften als duisport-Gruppe. Eigentümer sind zu gleichen Teilen der Bund, das Land NRW und die Stadt Duisburg. Rund 700 Mitarbeiter sind heute in den verschiedensten Bereichen für die Hafen AG tätig.
Bei der Gründung der Duisburg-Ruhrorter Häfen AG 1926 hielt übrigens der Staat Preußen zwei Drittel der Aktien und ein Drittel die Stadt.

Düker
Bezeichnung für eine Unterführung unterhalb des Kanalbetts, um Rohrleitungen, Kabelstränge oder Wasserläufe auf die andere Seite zu leiten.
Da der *Rhein-Herne-Kanal* südlich und parallel zur *Emscher* verläuft, müssen alle von Süden kommenden Zuflüsse unter dem Kanal hindurchgeleitet werden, um dann in die Emscher zu münden. Insgesamt mussten bislang sechzehn mehr oder weniger große Dükerbauwerke errichtet werden. Auch dabei ging man, wie bei den *Schleusen*, auf Nummer sicher und verlegte die Bäche meist in zwei Rohrsträngen unter dem Kanal hindurch, damit bei einer Beschädigung z. B. durch *Bergsenkungen* eine Abflussmöglichkeit zum Ausweichen besteht.
Das größte Dükerbauwerk im Bereich des Rhein-Herne-Kanals musste auf dem Stadtgebiet von Castrop-Rauxel gebaut werden, und zwar für die Emscher.
Aber nicht nur künstliche Wasserstraßen werden für kleine Flüsse und Bäche untertunnelt, sondern beispielsweise auch Autobahnen und anderes mehr.

Nicht zu übersehen - am sogenannten
Rhein-Orange mündet die Ruhr in den Rhein

In den Werften im Duisburger Hafen ist immer etwas los

Im Ruhrorter Hafen: Der Seitenrad-Schleppdampfer Oscar Huber hat als Museumsschiff seinen Platz im Vinckekanal und ist der letzte Raddampfer auf dem Rhein.

Hier mündet in Duisburg die Ruhr in den Rhein

Schrott gehört zu den am meisten transportierten Massengütern auf dem Kanal

E-H

E

Einbleckstraße
Die Brücke der nicht sehr großen Straße verbindet über den Kanal hinweg (bei Kanalkilometer 12,3) den kleinen, etwas abgelegenen Ortsteil Oberhausen-Borbeck mit dem größeren Oberhausen-Osterfeld im Norden.

Einspeisungsanlage Hamm
Siehe auch: Wasserübergabe Hamm und Ruhrwasser für die Lippe

Einweihung
Kam 1899 zur Eröffnung des *Dortmund-Ems-Kanals* noch der Kaiser nach Dortmund, um auch eine kurze Fahrt auf dem neuen Wasserweg zu unternehmen, gab es am *Rhein-Herne-Kanal* keine besonderen Feierlichkeiten bei seiner Fertigstellung. Ein Grund mag sicherlich die angespannte politische Lage am Vorabend des Ersten Weltkriegs gewesen sein.
Zunächst befuhr Mitte April 1914 ein Regierungsdampfer als erstes Prüfschiff den Kanal, vier weitere Schiffe machten im Juli eine Probefahrt, dann wurde der Kanal im November desselben Jahres für den Binnenverkehr freigegeben. Eine offizielle Eröffnung war für den Juli 1915 geplant, die aber wegen des inzwischen ausgebrochenen Krieges abgesagt wurde.

Eisbecher auf dem Eisbrecher
Das heutige Fahrgastschiff *Santa Monika I* war früher ein Eisbrecher, der dann aber in Hamm umgebaut wurde und seit den 1960er-Jahren als Fahrgastschiff auch auf dem *Rhein-Herne-Kanal* eingesetzt wird.
Da bei den stimmungsvollen Kanalfahrten ebenso für das leibliche Wohl gesorgt wird, ist das Entdecken von Speiseeis inzwischen deutlich wahrscheinlicher als das Zusammentreffen mit Eisschollen, auch wenn in strengeren Wintern das Wasser des Kanals schon mal zur geschlossenen Eisfläche werden kann.

„Eisberg in Sicht!!“
Zumindest kleinere Schollen sind auf dem Kanal gar nicht so selten. Wird die Eisfläche größer, kommen sogar Eisbrecher zum Einsatz. Doch alle paar Jahre, wenn der Winter sich besonders frostig zeigt, müssen auch sie aufgeben und der Natur ihren Lauf lassen. Ist die Schifffahrt dann erst einmal eingestellt, friert auch die restliche Wasserfläche zwischen den Eisschollen schnell zu, und es bilden sich mitunter Eisdecken von bis zu 20 Zentimetern, wie z. B. im Februar 2012, als der *Rhein-Herne-Kanal* das erste Mal seit 15 Jahren wieder komplett zugefroren war.

Eisenbahn gegen Kanal

Bergbau und Stahlindustrie im Ruhrgebiet entwickelten sich ab 1850 enorm, man benötigte eine preiswerte Transportmöglichkeit für die Massengüter wie z. B. Erz und Kohle, und der Wunsch nach einer leistungsfähigen Konkurrenz zur Eisenbahn kam auf.

Um die Binnenschifffahrt stärker zu nutzen, musste aber eine Verbindung zwischen den vornehmlich in Nord-Süd-Richtung verlaufenden schiffbaren Flüssen geschaffen werden: eine Vernetzung durch künstlich angelegte Kanäle, wie z.B. der *Rhein-Herne-Kanal*.

Eisenbahnbrücken

Mehr als 20-mal kreuzen heute noch Gleise den Kanal. Früher einmal waren es weitaus mehr, denn etliche Werksbahnen fahren inzwischen nicht mehr, und auch die Benutzung der verbliebenen Brücken hat durch den Strukturwandel im Ruhrgebiet deutlich nachgelassen. Ja, inzwischen wird so manche frühere Eisenbahnbrücke von Fußgängern und Radfahrern genutzt, um den Kanal zu überqueren und auf die andere Uferseite zu gelangen.

ELWIS

Nein, hierbei handelt es sich nicht um einen Schreibfehler, denn gemeint ist nicht der berühmte Künstler oder ein nachahmender Popsänger, der sich vielleicht einmal am Kanal blicken ließ, sondern es handelt sich um die Abkürzung für die wichtige Einrichtung des Elektronischen Wasserstraßen-Informationssystems, kurz ELWIS.

Es wurde eingerichtet von der Wasser- und Schifffahrtsverwaltung des Bundes und informiert die Kapitäne u. a. über Fahrrinnen- und Abladetiefe der Wasserstraßen.

Das neue Emscher-Durchlassbauwerk in Henrichenburg

Emmericher Straße

Als Bundesstraße 8 überquert sie - aus Richtung Düsseldorf kommend - den Kanal in Duisburg-Meiderich (bei Kilometer 2,4); dann ändert die Straße mehrfach den Namen, bevor sie den Rhein bei Emmerich erreicht.

Emscher

Auf einem Großteil seiner Länge begleitet die Emscher den *Rhein-Herne-Kanal*. Lediglich auf den letzten Kilometern ab Castrop-Rauxel Henrichenburg und auf seinen ersten rund acht Kilometern ist der Kanal solo, ohne Emscher-Begleitung, unterwegs.

Die Emscher entspringt auf dem Rücken des Ardeygebirges bei Holzwickede. Der idyllisch gelegene Quellhof im historischen Fachwerkambiente ist vor einigen Jahren restauriert worden und wird als Info- und Bildungszentrum ge-

nutzt. Auf ihrem 109 km langen Weg zum Rhein erfährt die Emscher ein Gefälle von insgesamt 120 Metern, dabei jedoch schon 40 Meter auf dem ersten Wegstück, so dass es danach deutlich gemächlicher zugeht und sich ein mäandrierender Flusslauf durch sumpfiges Gebiet gebildet hatte, in dem sich früher sogar Wildpferde aufhielten - die „Emscherbrücher".
Durch die einsetzende Industrialisierung und den nach Norden vordringenden Bergbau kam es zu einer immer stärker werdenden Einleitung von Abwässern in den kleinen Fluss. Aufgrund seiner geringen Fließgeschwindigkeit - die durch erste *Bergsenkungen* noch verringert und gestört wurde - konnte die Emscher die Abwässer nur schwer wieder loswerden. Überschwemmungen und durch den Bergbau zusätzlich hervorgerufene feuchte Niederungen machten das Tal so zum Brutplatz für Seuchen.
Kommunen, Bergbau und Industrie taten sich deshalb zusammen, um Abhilfe zu schaffen. 1899 wurde die Emschergenossenschaft gegründet.
Emscher und Nebenflüsse baute man in der Folge zu einem offenen, betonierten Kanalsystem aus, um die schlimmsten Hygienemissstände zu beseitigen. Inzwischen ist man mit dem Ende des Bergbaus dabei, den Fluss und seine Zuflüsse nach und nach von allen ungeklärten Abwässern zu befreien und sein Bett zu renaturieren. Naturnahe Bachläufe statt Schmutzwasserkanäle - auf dem Weg zurück zu einer lebendigen Emscher.

Emscherbegradigung
Durch die im Vorfeld des Kanalbaus vorgenommene Begradigung des Flusses verschob sich der Lauf der *Emscher* etwas nach Norden. So konnte der Kanal insbesondere im Bereich von Herne und Gelsenkirchen im freigewordenen Flussbett angelegt werden, während die Emscher zur Abwasserrinne verkam.

Emscherdüker
Unterführung der *Emscher* unter dem Kanal bei Castrop-Rauxel-Henrichenburg. Es ist der größte Düker am *Rhein-Herne-Kanal*. Drei Rohre von mehr als fünf Metern Durchmesser brachten das Emscherwasser auf die andere Kanalseite. Im Zuge von Erneuerungsmaßnahmen fließt inzwischen die Emscher nicht mehr in Röhren, sondern in einem Durchlass mit offenem Wasserspiegel unter dem Kanal hindurch.
Kurz vor dem 100-sten Geburtstag des Kanals wurden umfangreiche Bauarbeiten abgeschlossen, die für den geplanten Ausbau des Kanals notwendig sind.
Im Zuge der Besetzung des Ruhrgebiets durch französische Soldaten in den 1920er-Jahren wurde der Emscherdüker Ziel eines *Sabotageaktes*.

Emscherinsel
So wird der Landstreifen zwischen *Rhein-Herne-Kanal* und *Emscher* genannt. Dabei ist die Emscherinsel stellenweise gerade mal etwas mehr als hundert Meter breit. Andere Bereiche dagegen sind wieder deutlich breiter und teils auch bebaut.

Emscherkanal
Pläne zum Ausbau der *Emscher* zu einem Schifffahrtsweg hatte der Industrielle William Thomas Mulvany schon in der zweiten Hälfte des 19. Jahrhunderts vorgelegt, da er die Wichtigkeit einer preiswerten Ost-West-Verbindung für den *Massenguttransport* erkannt hatte. Dazu wurde 1873 in Essen sogar ein Emscherkanal-Komitee gegründet.

In der ländlichen Umgebung von Holzwickede liegt am sogenannten Emscherquellhof der Ursprung der Emscher

EMSCHERKUNST.2013
Die über 80 Kilometer lange Ausstellung „Emscherkunst.2013“ sollte den Landschafts- und Strukturwandel der Emscherregion in künstlerischer Form begleiten. Die Kunst wollte neue Blickwinkel öffnen und veränderte Wahrnehmungen möglich werden lassen. Eröffnet wurde die hunderttägige Kunstmeile im Sommer in Oberhausen; dazu fand auf der *Emscherinsel* zwischen Fluss und *Rhein-Herne-Kanal* ein Familienfest statt, und am Fuß der *Slinky-Brücke* wurden ein Besucherzentrum und ein vielbesuchtes Künstlerdorf errichtet.

Emscher Landschaftspark
Ein Schwerpunkt der 1989 gestarteten *Internationalen Bauausstellung (IBA)* war der Emscher Landschaftspark. Ziel war es, die natürliche Landschaft der Region weitgehend wiederherzustellen. Darüber hinaus begann die Planung und Umsetzung einer ökologischen Verbesserung des Emschersystems und die Erschließung des *Rhein-Herne-Kanals* als Freizeitraum.
Angestrebt wurde seither zudem die Nutzung diverser Industriedenkmäler als Kulturstandorte.

Emscherschnellweg
Im Dezember 1975 wurde die Autobahn 42 dem Verkehr übergeben.
Als Emscherschnellweg führt sie von der Anschlussstelle der Sauerlandlinie (A 45) bei Dortmund bis zur Stadtautobahn Duisburg (A 57). Im Bereich Herne-Horsthausen wurde die A 42 auf einem zugeschütteten Stück des ehemaligen *Stichkanals* Herne des *Dortmund-Ems-Kanals* gebaut, von dem ein weiterer Teil später dem *Rhein-Herne-Kanal* zugeschlagen wurde.

Emscherzone gegen Ruhrstädte
Wegen der Streckenführung des Anfang des 20. Jahrhunderts noch in Planung befindlichen neuen Kanals, dem späteren *Rhein-Herne-Kanal*, kam es damals zu einem heftigen Streit der Anrainer; die Städte Bochum und Essen forderten eine Anbindung - in Konkurrenz zur Emscherzone. Die Entscheidung fiel schließlich durch ein Gutachten des Oberbergamtes Dortmund: Die Mergelschicht im südlichen Ruhrgebiet erwies sich als zu dünn, um darauf einen Kanal zu bauen.

Entwicklungsprojekt Graf Bismarck
Auf dem ehemaligen Zechengelände Graf Bismarck in Gelsenkirchen erfolgen seit einiger Zeit umfassende Strukturmaßnahmen.
So werden Rad- und Fußwege angelegt, eine Brücke erschließt das frühere Hafenbecken neu, das zur Freizeitnutzung umgestaltet wird. Auch wird hier eine Neubausiedlung unter dem Schlagwort „Wohnen am Wasser“ realisiert. (Siehe auch: Kanaluferpark)

Erste deutsche Damenriege
1927 passierte auf dem Kanal in Castrop-Rauxel etwas in Deutschland noch nie zuvor Gewagtes: Allen Protesten zum Trotz gründete der *Ruderverein Rauxel* eine Damenriege!

Erster Spatenstich
Der erste Spatenstich zur Errichtung des *Rhein-Herne-Kanals* wurde Anfang April 1906 durchgeführt.

Erzbahntrasse
An dieser rund 11 km langen direkten Verbindung vom Stahlwerk Bochumer Verein zum *Rhein-Herne-Kanal* lagen früher gleich mehrere Zechen.

Die Bahnlinie sorgte für den schnellen und reibungslose Transport der Massengüter zwischen den einzelnen Industriestandorten und dem Kanalhafen. Vor einigen Jahren wurde auf dieser Strecke ein Radweg eingerichtet, neue Brücken gebaut und der Anschluss an das bestehende Radnetz hergestellt. Wegen der vielen interessanten Dinge am Wegesrand erfreut sich die Erzbahntrasse bei Radfahrern und Fußgängern großer Beliebtheit.

„Es gab nichts Schöneres"
Ein langjähriges Mitglied der DLRG-Oberhausen erinnert sich an die 1950er- und 60er-Jahre: „Wir waren von morgens bis abends am Kanal. Nach der Schule oder der Arbeit führte uns der direkte Weg dorthin und erst abends wieder nach Hause. Für uns war damals das Vereinsheim gegenüber des *Kaisergartens* das zweite Zuhause.
Manche verbrachten sogar ihren Urlaub dort. Für uns junge Leute gab es nichts Schöneres. Zelten, Bootfahren und den ganzen Tag mit Freunden zusammen aktiv sein. So manches Paar hat sich da gefunden und kam dann später mit den Kindern auch weiterhin zum Heim - bei mir selbst übrigens genauso. Bei manchen sind es heute schon die Enkelkinder, die auf der Wiese am Kanal herumtollen und ganz selbstverständlich in die Aufgaben der DLRG hineinwachsen, schwimmen und retten lernen, eine Tauchausbildung absolvieren oder den Bootsführerschein machen."

„Ewald", „Crange" und „Emscher"
So hießen die ersten drei Ruderboote, die im Sommer 1927 auf dem *Rhein-Herne-Kanal* durch den neugegründeten *Ruderverein Emscher* zu Wasser gelassen wurden.

Der Eiltank 67 passiert den Hafen Victor

ExtraSchicht
Manche Aktionen des alljährlich stattfindenden Nacht-Events spielen sich auch am *Rhein-Herne-Kanal* ab.
So hatten Besucher z. B. auf der ExtraSchicht 2013 die einmalige Chance, das Herzstück des Emscher-Umbaus einmal zu betreten: In einer durch eine Licht- und Klangshow einzigartigen Atmosphäre konnte man den sogenannten Gabriele-Tunnel (den zu dieser Zeit noch im Bau befindlichen Abwasserkanal *Emscher*) in Gelsenkirchen begehen und dabei den Rhein-Herne-Kanal hinüber zur *Emscherinsel* unterqueren - in 25 m Tiefe und auf einem Teilstück von 350 m. In wenigen Jahren wird der Abwasserkanal Emscher die Abwässer der gesamten umliegenden Region aufnehmen und damit seinen wichtigen Beitrag zur Renaturierung der Emscher erfüllen!

F

Auf dem Fahrgastschiff „Pirat"

Facelifting - neue Standards

Obwohl der *Rhein-Herne-Kanal* inzwischen einhundert Jahre alt ist, gibt es kaum Bauwerke, die noch aus der Anfangszeit des Kanals stammen. Mit der Entwicklung der Technik und den Ansprüchen an Schifffahrt und Kanal wurden und werden fortlaufend Anlagen und Bauwerke ersetzt. Allein für Reparatur- und Wartungsarbeiten müssen jährlich mehrere Millionen Euro aufgebracht werden.

Wenn nach 2015 auch der Kanalausbau auf der Strecke Gelsenkirchen - Henrichenburg abgeschlossen sein wird, ist der Kanal praktisch von Grund auf erneuert.

Fahrgastschiff „Pirat"

Erst seit der Modernisierung 2011 und seinem neuen Einsatzgebiet *Rhein-Herne-Kanal* und Umgebung heißt das 37 m lange und 6 m breite Schiff „Pirat". Vorher war das 1904 gebaute Fahrgastschiff unter den „harmlosen" Namen „Seebad Templin" oder „Nicole B." unterwegs. 2012 bekam es neue, emissionsarme Antriebsmotoren und könnte mit seinen zwei mal 265 PS eine maximale Geschwindigkeit von 24,5 km/h erreichen, wenn es denn dürfte - denn im Kanalgebiet gelten 12 km/h als Geschwindigkeitsbegrenzung.

Auf verschiedenen Decks samt Sonnendeck können bis zu 160 Personen in See stechen.

Fahrgastschiffe

Die Binnenwasserstraßen werden in zunehmendem Maße auch für die Erholung genutzt. Ausflugsschiffe erfreuen sich immer größerer Beliebtheit, ihr Anteil an der gesamten deutschen Binnenschifffahrtsflotte beträgt zur Zeit schon 25 Prozent. Das merkt man auch auf dem *Rhein-Herne-Kanal*, denn inzwischen bieten mehrere Unternehmen Fahrten an. (Siehe auch: Personenschifffahrt)

Fallhöhe
Der Ausdruck beschreibt den Höhenunterschied, den ein zu Tal geschleustes Schiff überbrücken muss.

„Fangvorrichtung“
Um zu schnell oder zu weit in *Schleusen* einfahrende Schiffe abzufangen, gibt es in den Schleusen verschiedene „Fangvorrichtungen“, damit es nicht zu Schäden am Untertor kommen kann. An der *Schleuse Oberhausen* wird beispielsweise ein dickes Stahlseil gespannt, das die Schiffe falls nötig abfängt. An anderen Schleusen erfüllen hydraulisch gedämpfte Sperreinrichtungen diesen Zweck.

Fernsteuerzentrale Wasserbewirtschaftung
Die gesamte Wasserversorgung der westdeutschen Kanäle wird durch die Fernsteuerzentrale in *Datteln* geregelt, die 1984 in Betrieb genommen wurde.
Sie hat die wichtige Aufgabe, in den Kanälen im Einzugsgebiet (also *Rhein-Herne-Kanal*, Wesel-Datteln-Kanal, Datteln-Hamm-Kanal und *Dortmund-Ems-Kanal*) für die Wasserstandhaltung zu sorgen. Mit einer zentralen Steuerung kann sie auf Schwankungen des Wasserspiegels in den Kanälen sowie der *Lippe* reagieren und lässt entweder Wasser aus der Lippe, der Ruhr oder dem Rhein in das Kanalsystem fließen, oder aber sie gibt Wasser in die Lippe ab, wenn dort der Wasserstand unter einen bestimmten Pegel (10 Kubikmeter pro Sekunde) fällt. Die Pegelschwankungen dürfen nur bei +/- 10 bzw. 15 cm liegen, damit nicht die Gefahr besteht, dass die Schiffe mit Brücken kollidieren oder den Kanalgrund beschädigen. Dazu werden u. a. die Wehre, Pumpen und Sicherheitstore zentral von der Steuerungszentrale in Datteln gesteuert. Sie ist rund um die Uhr besetzt und wurde vor einigen Jahren für rund 1,2 Mio. Euro modernisiert. Die Fernsteuerzentrale ist auch Teil der *Route der Industriekultur*.

Fischbesatz
Zur Wahrung der Fischpopulation im Kanal werden durch den Landesfischereiverband Westfalen und Lippe ein- bis zweimal im Jahr Rotaugen, Karpfen, Schleien, Zander, Aale und andere Fische eingesetzt.

Fische
Europäischer Aal, Flussbarsch, Karpfen und Zander sowie die Friedfische Brassen, Neunaugen, Rotaugen und Rotfedern kommen zum Beispiel in den Gewässern des Kanals vor.

Fließen nach Plan
Mit modernster Leittechnik wird das gesamte Wasser im Kanalsystem des Ruhrgebiets ferngesteuert. Ein ganzes Pumpensystem sorgt für die richtige Verteilung und auch dafür, dass die anliegenden Nutzer (Kraftwerke, Landwirtschaft etc.) immer genügend Wasser zur Verfügung haben.
(Siehe auch: Fernsteuerzentrale Wasserbewirtschaftung)

„Flott“ unterwegs
Die Höchstgeschwindigkeit, die auf dem Kanal gefahren werden darf, beträgt ganze 12 km/h. Beschauliches Schippern ist da eher vorprogrammiert

als ein Geschwindigkeitsrausch. Bei höheren Geschwindigkeiten besteht u. a. die Gefahr, dass die entstehenden Wellen das Ufer beschädigen könnten.

Flying Turbos
So nennt sich die Drachenbootabteilung des *Meidericher Kanuclubs*, die u. a. den *Rhein-Herne-Kanal* als Trainings- und Wettkampfstrecke nutzt, und auch die CENTRO-Dragons des *TC Sterkrade* sieht man mit ihren Großbooten auf dem Kanal.

Förderung des Wassersports
Die Entwicklung hin zur stärkeren wassersportlichen Nutzung des *Rhein-Herne-Kanals* war eng mit seiner Lage inmitten einer Industrieregion verbunden. Betriebe und große Konzerne erkannten schon früh, dass sie etwas für ihre Angestellten und Arbeiter tun, sich um Ausgleich und Freizeitbetätigung kümmern mussten. So unterstützten viele Unternehmen die in den 1920er- und 30er-Jahren aufkommenden Sportgruppen mit Material, günstigen Grundstücken oder finanzieller Zuwendung. Beispielsweise kauften die Klöckner-Werke Anfang der 1920er-Jahre in Castrop-Rauxel einen verwahrlosten Gasthof, finanzierten den Umbau in ein Club- und Bootshaus und bezahlten die ersten Boote, um ihren Angestellten - oder auch Geschäftsfreunden - die Gelegenheit zum Ausüben des Rudersports auf dem direkt anliegenden Rhein-Herne-Kanal zu ermöglichen, was die Geburtsstunde des *Rudervereins Rauxel* war.

Fracht auf dem Kanal
Das enorme Fassungsvermögen der Binnenschiffe wird meist für den Transport von Massengütern genutzt wie Kohle, Erz, Eisen und Stahl, Mineralöl, Chemische

Nach wie vor wird Kohle auf dem Rhein-Herne-Kanal befördert - jedoch meist gebracht, nicht abtransportiert!

Produkte, Schrott und Baustoffe, aber auch Getreide und Futtermittel sowie Produkte der Holzwirtschaft gehören zu den am meisten umgeschlagenen Gütern bei den Binnenschiffern.

Freibad „Hesse“
Es liegt in Essen-Dellwig direkt an der Südseite des Kanals (Scheppmannskamp), wurde 1927 vom Verein Rasen- und Wassersport 1925 Essen-Dellwig e. V. gebaut und ist das zweitälteste Freibad der Stadt. Zwar musste 1989 das Springerbecken geschlossen werden, doch das familienfreundliche Volksbad ist - besonders nach den Investitionen und Erneuerungsmaßnahmen der letzten Jahre - nach wie vor ein Anziehungspunkt, gerade auch für Kanal-Radfahrer oder Wanderer.

Freie Fahrt für Sportboote
Der Sportbootverkehr auf den Ruhrgebietskanälen wurde erst 1990 endgültig freigegeben und wird vom Land NRW im Rahmen der Tourismusförderung unterstützt. Inzwischen hat sich viel getan, neue Sportboothäfen wie die *Marina Oberhausen* sind entstanden, und ehemalige Industriehäfen wurden für die Freizeitkapitäne umgebaut und freigegeben und verbreiten viel Atmosphäre.

Freie Kanufahrer Rauxel (FKR)
Das Vereinsheim der FKR bei Kilometer 44,0 ist das letzte Bootshaus am *Rhein-Herne-Kanal*, bevor er wenig später an der Einmündung zum *Dortmund-Ems-Kanal* endet. 1954 erfolgte die Gründung des Paddelvereins „Freie Kanufahrer Rauxel“, die zwischen Becklem und Henrichenburg am Kanal ihre Faltboote zu Wasser ließen. 1977 wurde nach zweijähriger Bauphase das eigene Bootshaus vom damaligen Bürgermeister Hugo Paulikat eingeweiht. Der Verein umfasst heute etwa 60 Mitglieder, von Jungspund bis Alter Hase.

Freiraum-Achse
Schon immer war der *Rhein-Herne-Kanal* nicht nur Güterschifffahrtsweg, sondern im dicht besiedelten, industriell geprägten Ruhrgebiet ein, wenn auch schmaler, Erholungsraum. Im Zuge der Maßnahmen der *IBA Emscher Park* entwickelte er sich immer mehr zu einem bedeutenden Naherholungsgebiet, an dem ein durchgehender Ost-West-Grünzug entstand. Die traditionell schon bestehende Freizeitfunktion des Kanals wurde aufgegriffen und ausgebaut. So gibt es u. a. Wege für Radfahrer und Wanderer, und die Freizeitschifffahrt wird durch neue Rastplätze und attraktive Marinas gefördert.

Freiwasserschwimmen
Der Castrop-Rauxeler Schwimmverein *SC Hellas* ist seit 1924 im und am Kanal aktiv, und nachdem die *Zweite Fahrt* und die *Wartburginsel* entstanden waren, nutzte man nachfolgend auch den ruhigen Altarm, der natürlich zum Schwimmenlernen viel besser geeignet ist. Wettkämpfe und Wasserballturniere fanden damals schon am Kanal statt, so z. B. 1931, als der SC Hellas dort die Stadtmeisterschaften ausrichtete.

Freizeit am Kanal
Sehr bald schon stellte gerade der *Rhein-Herne-Kanal* einen hohen Freizeitwert dar für die große Zahl der an seinen Ufern lebenden Menschen. Bereits in den 1920er-Jahren wurde von Anglern, Schwimmern und Ruderern berichtet, und seit etwa Anfang der 1950er-Jahre wurden Betriebswege zu Uferwanderwegen umgebaut.
Aber eine Freizeitnutzung, wie sie heute erreicht ist, hätte damals sicher niemand für möglich gehalten. Ein großer Schritt dorthin war die *Internationale Bauausstellung Emscher Park (IBA)*.

Friedhof in bester Lage
Im Westen von Oberhausen, direkt am Nordufer des Kanals bei der *Schleuse Oberhausen*, liegt der Westfriedhof. Er wurde 1890 als zweiter Friedhof Oberhausens angelegt, denn der erste Friedhof musste den ausufernden Schlackebergen der Gutehoffnungshütte weichen. 1923 wurde auf dem Westfriedhof auch eine Kapelle gebaut. Inzwischen mehrfach erweitert, umfasst der Friedhof heute eine Größe von 35 Hektar und hat den freien Platz zwischen den Autobahnen A 42, A 3 und *Rhein-Herne-Kanal* vollständig ausgefüllt.
Verschiedene Grabmäler erinnern an

1977 wird das Bootshaus der Freien Kanufahrer Rauxel eingeweiht

Der FKR ist nach wie vor aktiv: Paddler aus allen Altersklassen treffen sich zu einem gemeinsamen Ausflug auf dem Rhein-Herne-Kanal. Hier beim Anpaddeln 2014.

Abfahrt zur sonntäglichen Vereinsfahrt der Freien Kanufahrer Rauxel

Badespaß am Bootshaus der Freien Kanufahrer in Castrop-Rauxel

historische Begebenheiten der Ortsgeschichte, wie etwa das Germaniadenkmal zur Erinnerung an die Gefallenen des Krieges 1870/71, das 1922 durch die Schließung des ersten Friedhofs hierher kam.
Ein weiteres Mahnmal erinnert an die Bergleute, die 1938 bei einer großen Schlagwetterkatastrophe auf der damals in der Nähe liegenden Zeche Concordia umkamen.

Friedrich der Große
Ehemalige Zeche auf Herner Stadtgebiet, deren Name an den König von Preußen (1712 - 1786) erinnert, der von 1740 bis zu seinem Tod regierte.
Der erste Förderschacht der Zeche wurde 1870 abgeteuft, später errichtete man auch zwei Kokereien. 1893 wurde eine Förderung von 355.000 Tonnen Kohle erreicht und 80.000 Tonnen Koks produziert. Um diese großen Mengen kostengünstig abtransportieren zu können, legte man 1895 für die Schächte I/II einen eigenen Hafen am *Stichkanal* des *Rhein-Herne-Kanals* an, der jedoch wieder stillgelegt werden musste, als der Stichkanal außer Betrieb genommen wurde. 1915 bekamen auch die Schächte III/IV einen Hafen. Auf der Zechenanlage Friedrich der Große fanden bereits um 1925 insgesamt fast 6000 Menschen Arbeit und über eine Mio. Tonnen Kohle wurde gefördert. 1976 förderte man sogar noch immer 2 Mio. Tonnen Kohle, bevor die Zeche zwei Jahre später stillgelegt, die Schächte verfüllt und die Außenanlagen abgerissen wurden.
Der Name „Friedrich der Große" blieb für den Kanalhafen erhalten, und auch das später angesiedelte moderne Industriegebiet im Norden von Herne trägt noch heute diesen Namen. Dagegen leitet das *Ausflugsschiff „Friedrich der Große"*, das zwar zu seinen Fahrten in der Nähe der ehemaligen Zeche startet, seinen Namen nicht vom Preußen-König ab, sondern vom ehemaligen Kapitän!

Das Fahrgastschiff „Friedrich der Große"

„Früh Auf" - Fischen im toten Arm
Die Mitglieder des *Angelsportvereins Früh Auf 1934 e.V.* gehen natürlich an verschiedenen Stellen ihrem Hobby nach, doch am alten Kanalarm an der *Wartburginsel* in Henrichenburg ist ihnen allein das Fischereirecht verliehen worden. Das Wasser müssen sie sich aber mit den Ruderanfängern des *Rudervereins Rauxel* und den Schwimmern des *SC Hellas* teilen.

Frühgeschichtliche Funde
1963 wurden bei Arbeiten am *Rhein-Herne-Kanal* in Bottrop Spuren von Neandertalern gefunden.

Artefakte wie Klingen, Schaber und Spitzen lassen Rückschlüsse auf einen hier wohl einmal in der Frühzeit genutzten Rastplatz zu. Dass man bei Bauarbeiten am Kanal auf historisch Bedeutsames stößt, kommt immer mal wieder vor.

Führerstandskollision
Leider sind ab und zu auch Unfälle der Binnenschifffahrt auf dem *Rhein-Herne-Kanal* traurige Realität.
Manch ein Kapitän kam u. a. ums Leben, als sein Führerstand mit einer Brücke kollidierte. Nach Angaben der *Wasserschutzpolizei (WSP)* kommt es einige Male im Jahr vor, dass die Führerhäuser nicht schnell genug oder nicht weit genug heruntergefahren werden, um schadlos unter einer der Brücken hindurch zu gelangen. Zwar gibt es eine garantierte Durchfahrtshöhe, aber haben leere Schiffe nicht genügend *Ballastwasser* geladen oder die Hydraulik wird z. B. von einem Fremdkörper behindert, ist eine Kollision nicht zu verhindern. Denn mal eben bremsen oder gar wenden können die Frachtschiffe wegen der großen Trägheit nicht.
Glücklicherweise gehen die meisten dieser Kollisionen aber glimpflich ab. Zudem konnte durch eine Infokampagne der Behörden die Zahl der Kollisionen 2013 deutlich gesenkt werden.

Fünfhundertfünfzig Millionen Kubikmeter
So viel Wasser wird durchschnittlich jedes Jahr im Kanalsystem hin und her gepumpt, um den garantierten Wasserstand zu gewährleisten. Je nach Regenmenge und Regenverteilung sowie der Intensität des Schiffsverkehrs fallen so allein für das Pumpen des Wassers Kosten von 2,5 bis 4,5 Millionen Euro an, und das jedes Jahr.

Fünf-Schleusen-Fahrt
Mehrmals im Monat kann man mit einem Schiff der *Weißen Flotte Baldeney* auf „Kreuzfahrt“ gehen und das Ruhrgebiet aus einer ganz ungewohnten Perspektive kennen lernen. Vor allem erstaunt dann, wie idyllisch es hier doch ist.
Vom *Nordsternpark* in Gelsenkirchen geht es durch den *Rhein-Herne-Kanal* bis zur Ruhr und auf dieser hinauf zum Baldeneysee im Süden von Essen (oder umgekehrt). Klar, auf so einer Strecke bleibt die Benutzung von *Schleusen* nicht aus - was für die Fahrgäste ein besonderes Erlebnis ist. Und das gibt es auf dieser Fahrt gleich fünf Mal. Die sechsstündige Mini-Kreuzfahrt ist für 32,50 Euro zu haben (Kinder 17 Euro; Stand 2014), inklusive Bustransfer zum Ausgangspunkt. Wann es losgeht, ist unter www.baldeneysee.com oder unter der Tel.-Nr. 0201/1857990 zu erfahren.

Fünfzig Euro Strafe
... oder mehr kostet es, wenn man von der *Wasserschutzpolizei* beim Springen von einer der Kanalbrücken erwischt wird. (Siehe auch: Badeverbot)

Furchtbare Entdeckung
Wie in der Zeitung zu lesen war, entdeckten Spaziergänger an einem Sonntagvormittag im November 2013 im *Yachthafen Pöppinghausen* eine im Wasser treibende Frauenleiche.
Und wie sich herausstellte, war es dieselbe Frau, die gut zwei Wochen vorher beim Sprung ins Kanalwasser beobachtet worden war, bei den anschließenden Rettungsmaßnahmen aber nicht gefunden werden konnte. So hatten sich also die schlimmsten Befürchtungen bewahrheitet.

Fußgängerbrücke im Nordsternpark
Die markante Doppelbogenbrücke mit ihren auffälligen, farbigen Brückenbögen verbindet als Radweg- und Fußgängerbrücke die beiden Seiten des *Nordsternparks* miteinander.
Sie liegt bei Kanalkilometer 21,6 in Gelsenkirchen-Heßler.

Fußgängerbrücken
Der *Rhein-Herne-Kanal* wird immer mehr zum Anziehungspunkt für die Freizeitgestaltung. Dem folgt auch der Bau neuer Fuß- und Radwegbrücken, bei denen man großen Wert auf „das Besondere“ legte. Es geht nicht mehr nur einfach ums Hinüberkommen, nein, hier spiegelt sich vielmehr der Symbolcharakter, etwas zugleich zu verbinden.
Einige Beispiele: die *Brücke Ripshorst* (bzw. *Schlaichbrücke*) von 1995, die in zwei Abschnitten von 77 und 94 m Kanal und *Emscher* überquert. Oder die Klennenhof-Brücke in Duisburg-Meiderich, aus dem Jahr 1996, mit ihrer Stützweite von 75 m.
Ein Jahr später wurde die über 100 m lange Brücke im *Nordsternpark* fertig, die mit ihren signalroten Bögen weithin sichtbar ist. Auch die sogenannte *Tausendfüßlerbrücke* von 1999 gehört dazu, ebenso wie die 141 m lange *Grimberger Sichel* (Baujahr 2008) in Gelsenkirchen oder die *Slinky Springs Brücke*, ein absoluter Blickfang am Oberhausener *Kaisergarten*, die 2009 eröffnet wurde.

oben: ***Die Fußgängerbrücke im Nordsternpark***
unten: ***Die Slinky Springs am Gasometer Oberhausen***

G

Ort faszinierender Ausstellungen - Der Gasometer Oberhausen.

Gartroper Straßenbrücke

Sie leitet in Obermeiderich (Duisburg) bei Kilometer 4,3 ein ganzes Brückenensemble ein - etwas, was in einer so dicht besiedelten Region wie dem Ruhrgebiet gar nicht so selten ist. So findet man wenig später (bei km 4,5) eine Werksbahnbrücke, gefolgt von der Ruhrorter Straßenbrücke (bei km 4,6). Den Abschluss dieser Gruppe bilden nur 400 m weiter die beiden parallel liegenden Autobahnbrücken der A 3 (in der Nähe der Anschlussstelle Oberhausen-Lirich).

Gasometer Oberhausen

Als eine gewaltige Landmarke ist der Gasometer Oberhausen Wahrzeichen der Stadt und immer wieder Schauplatz spektakulärer Ausstellungen. Er steht in unmittelbarer Nähe des *Rhein-Herne-Kanals*. 1928/29 erbaut, war der Gasometer mit seinen 117 m Höhe und 67 m Durchmesser früher einmal der größte Gasbehälter Europas. Bequem per gläsernem Aufzug im Inneren oder zu Fuß über die Außentreppe gelangt man zur Gasometer-Plattform. Bei gutem Wetter hat man von dort einmalig schöne Aussicht auf die Emscherregion. Seit 1994 bereits finden jährlich große Ausstellungen im Gasometer ihren Platz, der höchste Ausstellungshalle Europas ist.

Gehölzgarten Ripshorst

Als Projekt der *Internationalen Bauausstellung Emscher Park* wurden zahlreiche Baumarten in die Oberhausener Kanalaue zwischen dem ehemaligen Bauerngut *Haus Ripshorst* (IBA Infozentrum) und der Osterfelder Brücke angepflanzt.

Ein zwei Kilometer langes Gehölzband - ringsum umgeben von einer weiten Graslandschaft - bildet den Gehölzgar-

ten Ripshorst, der anschaulich die Schönheit und Vielfalt der Bäume und Sträucher von der Vorzeit bis zu den heutigen Kulturpflanzen dokumentiert.
Seit 2003 ist *Haus Ripshorst* auch Sitz der Biologischen Station Westliches Ruhrgebiet. Ein schönes Ausflugsziel, nicht nur für Pflanzenkenner.

Gelsenkirchener Kanu-Klub e.V.
Der Verein hat sein Bootshaus bei Kanalkilometer 27,3 an der *Münsterstraße* 68, gelegen zwischen den Stadtteilen Resser Mark im Norden und Bismarck im Süden und nur einen Katzensprung entfernt von der *ZOOM Erlebniswelt*, dem früheren Ruhr-Zoo.
(www.gelsenkanu.de)

Geteerter Bauch
Seitdem es den Kanal gibt, war es eine beliebte Mutprobe der jugendlich-übermütigen Schwimmer, die vorbeifahrenden Schiffe anzusteuern. Früher waren es die Schlepper mit ihren vier bis sechs angehängten motorlosen Frachtkähnen, zu denen es die Waghalsigen zog, mit dem Ziel, wenn möglich sogar an Bord zu kommen. Je nach Gutmütigkeit der Schiffer ließ man sie gewähren oder aber versuchte sich ihrer zu erwehren, indem man z. B. den Süllrand (den oberen Schiffsrand) mit Teer beschmierte. Die guten Schwimmer hielt das nicht ab, auch wenn man nachher die unangenehmen Teerflecken auf der Haut nur ganz schlecht wieder los wurde.
Heute ist das Anschwimmen absolut verboten, und das aus guten Gründen. Die noch angewachsenen Gefahren bestehen u. a. in den schneller fahrenden und größer gewordenen Schiffen, und auch Lastkähne sind zumeist mit eigener Motorisierung - statt der Schleppverbände - unterwegs, so dass es noch viel eher passieren kann, dass man in den Sog der Schiffsschrauben gerät - also, auf dieses gefährliche Abenteuer sollte man ausdrücklich verzichten!
(Siehe auch: Schwimmen - damals)

Gewässerkennzahl
Der *Rhein-Herne-Kanal* ist mit der Kennzahl 74001 im Bundeswasserstraßenverzeichnis aufgeführt.

Giraffen mit Kanalblick
Aus dem „Lebensraum Afrika“ in der *ZOOM Erlebniswelt* in Gelsenkirchen könnten manche Bewohner ihren „Horizont“ noch etwas erweitern, wenn sie ihren Blick über die Umgrenzung des Tierparks hinaus auf den benachbarten *Rhein-Herne-Kanal* schweifen ließen.

Gladbecker Straße
Die Gladbecker Straße kreuzt aus Richtung Essen-Mitte kommend als B 224 fast schon am nördlichsten Zipfel von Essen erst die Autobahn 42 (als Teil des Autobahnkreuzes Essen-Nord), führt danach über den Kanal (km 18,3) hinweg und überquert wenig später bei Welheim die Stadtgrenze zu Bottrop, wo sie Braukstraße heißt. Kurz darauf erreicht sie auch schon Gladbeck und wird dort Essener Straße genannt.

Globus-Abzeichen
Man bekommt es, wenn man eine Kilometerleistung gepaddelt ist, die dem Umfang der Erde entspricht - sozusagen eine Weltumrundung. Wo man allerdings die Strecke paddelt und in welchem Zeitraum, bleibt dabei frei. So kann man auch als Kanalpaddler diese Auszeichnung bekommen, selbst wenn man nie „über die Spundwände hinausgekommen ist“.

Grenzgewässer Rhein-Herne-Kanal
Zwischen den Städten Bottrop (im Norden) und Essen (im Süden) bildet der Kanal über eine Strecke von fast 5 km die Stadtgrenze. Etwas weiter trennt er über eine Strecke von 1200 m nochmals zwei Ruhrgebietsstädte: diesmal sind es Herne und Castrop-Rauxel.

Grimberger Sichel
Um die zum Rad- und Fußweg umgebaute ehemalige *Erzbahntrasse* zwischen *Hafen Grimberg* und der *ZOOM Erlebniswelt* (Gelsenkirchen) an das Wegenetz nördlich des Kanals anzubinden, wurde im Oktober 2008 bei Kanalkilometer 27,7 eine neue Brücke offiziell in Betrieb genommen. Wegen ihrer geschwungenen Form bekam sie den schönen Namen „Grimberger Sichel". Am Ende bzw. Anfang der Erzbahntrasse, am Stahlwerk des Bochumer Vereins, überbrückt eine weitere eindrucksvolle Konstruktion Straße und Bahnlinie, die sogenannte „Erzbahnschwinge". Man findet sie im Bochumer Westpark, wo auch die Jahrhunderthalle steht.

Grundelplage
Der aus dem Schwarzmeerbereich vermutlich im *Ballastwasser* eingeschleppte Fisch macht den Anglern nicht nur am *Rhein-Herne-Kanal* das Leben schwer. Wurde er 2006 zunächst vereinzelt im Rhein entdeckt, hat er sich inzwischen sprunghaft vermehrt, da er gleich mehrfach im Jahr bis zu 1000 Eier ablaichen kann. Der Fischnachwuchs wird dann selbst bereits nach zwei bis drei Jahren geschlechtsreif. Über das miteinander verbundene System der Flüsse und Kanäle hat sich die Grundel inzwischen ausgebreitet, man findet sie in den Kanälen, aber auch in Ruhr, *Lippe*

„Gute Stube des Reviers": Naherholung am Rhein-Herne-Kanal.

und Ems. Die Fischart vermehrt sich so stark, dass auch die heimischen Fische in Nöte kommen. Da die Grundel selbst nicht größer als rund 15 cm wird, ist sie nicht mal ein lohnender Fang für die Angler, und auch die heimischen Raubfische sind mit ihrer Eindämmung schlicht „überfordert".

Gute Stube des Reviers
Durch zahlreiche Bau- und Umstrukturierungsmaßnahmen entstand am *Rhein-Herne-Kanal* ein immer größer werdendes Freizeit- und Naherholungsgebiet. Im Rahmen des Projekts *Emscher Landschaftspark* 2010 wurden an *Emscher* und Kanälen grüne Hauptachsen entwickelt, von denen eine Vielzahl kleinerer Grünzonen abzweigen oder über Verbindungsachsen erreicht werden können. Moderne Marinas entstehen in alten Industriehäfen, und ganze Wohngebiete

erwachsen auf alten Industrieflächen. Das Image von Kanal und Emscher hat sich schon deutlich geändert und wird es weiter tun. Immer mehr wird das Kanalumfeld zum attraktiven Standortfaktor. Längst zu beliebten Anziehungspunkten geworden sind die „Klassiker", die renaturierten Halden entlang des Kanals, wie etwa die *Schurenbachhalde* mit einer gewaltigen Kunstinstallation, der „Bramme für das Ruhrgebiet".
2004 wurde z. B. die *Heinz-Schleußer-Marina* (Sportboothafen Oberhausen) unweit des *CentrO* eröffnet und lockt seitdem mit maritimem Flair nicht nur Bootseigner zu einem entspannten Bummel am Wasser. Natürlich aber trägt auch die Ausflugsschifffahrt das Ihre dazu bei, dass man es sich am Kanal so richtig gutgehen lassen kann.

Güterumschlagsmenge

Die Kanal-Häfen mit den größten Güterumschlägen sind: Gelsenkirchen, Duisburg-Meiderich und Essen mit jeweils mehr als 1 Mio. Tonnen pro Jahr (2012).

Hafeneinfahrt des Stadthafens Gelsenkirchen, im Hintergrund die Kurt-Schumacher-Brücke.

Vom Gasometer Oberhausen bietet sich ein herrlicher Blick

Schifffahrt im Schatten des Gasometers Oberhausen

Auf die Schleusung wartendes Schiff. Vielsagend an dieser Stelle das Schild „Geduld“ der Aktion „Kunst am Kanal“.

Kontrastreich:
Stop and Go auf der Brücke - freie Fahrt auf dem Kanal.

H

Am Stadthafen Bottrop

Häfen
1914 bereits fand man am gerade erst fertiggestellten *Rhein-Herne-Kanal* 28 öffentliche und werkseigene Häfen - ein wichtiger Faktor für den direkten und kostengünstigen Güterumschlag.

Hafen Bottrop
1914 erbaut, besteht der Hafen heute aus zwei Teilen. Hafen I ist mehr eine kleine, gen Norden angelegte Ausbuchtung am Kanal, direkt an der Autobahnbrücke der A 42, hieß früher einmal Hafen Hibernia und ist versehen mit zwei je 90 m langen Anlegestellen. Weiter westlich liegt Hafen II mit einem 320 m langen Becken parallel zum Kanal und einer direkten Eisenbahnanbindung zu den verschiedenen Schächten der Zeche Prosper. Lange wurde dieser Hafenbereich von der Ruhrkohle AG betrieben. Nach dem Verlust an Bedeutung wegen des zurückgehenden Kohletransports wurde der Hafen zum Umschlagplatz u. a. für Diesel und Heizöl und wird inzwischen von der Ruhr Oel GmbH betrieben.
So wird der Hafenbereich auch unter dem Namen Hafen Ruhr Oel geführt.

Hafen Christian Levin
Siehe: *Ölhafen König Wilhelm*

Hafen der BP Gelsenkirchen GmbH
Der zweigeteilte Raffineriehafen der VEBA Oel AG auf Gelsenkirchener Stadtgebiet besteht aus einem westlichen Becken, das kaum merklich zurückgesetzt parallel zum Kanal liegt, und einem östlichen Hafenbecken.
Über diesen Hafen wird ein großer Teil der Gesamtproduktion des Werks verschifft, das sich nördlich von Hafen und *Emscher* auf einem großen Areal

ausbreitet. Aus Sicherheitsgründen ist während der Verladung eine Druckluftölsperre aktiv.

Hafen der Wasser- und Schifffahrtsverwaltung
Siehe: Bauhafen der Wasser- und Schifffahrtsverwaltung

Hafen Duisburg
Siehe: Duisburger Hafen

Hafen Essen
Siehe: Stadthafen Essen

Hafen Friedrich der Große
Siehe: Yachthafen Friedrich der Große

Hafen Gelsenkirchen
Siehe: Stadthafen Gelsenkirchen

Hafen Graf Bismarck
Auch an diesem Gelsenkirchener Hafen kann man deutlich den Strukturwandel des Reviers erleben. Die ehemalige Eisenbahnbrücke, die früher über die Zufahrt des Hafens leitete, ist bereits zum Fuß- und Radweg umgebaut, und auch auf der Landzunge zwischen Hafenbecken und Kanal sind schon verschiedene Flächen zur Freizeitnutzung und ein Zugang zum Wasser entstanden. Außerdem soll der frühere Zechen- bzw. Kraftwerkshafen u. a. zum Wasserwanderrastplatz werden.
Ein Teil des umliegenden Geländes der ehemaligen Zeche Graf Bismarck wurde zum Neubaugebiet für Mehrfamilienhäuser umgewandelt. (Siehe auch: Entwicklungsprojekt Graf Bismarck und Kanaluferpark)

Hafen Grimberg
Er liegt im Osten Gelsenkirchens, in der Nähe der Stadtgrenze zu Herne, am Südrand des Kanals und hieß früher schlicht Hafen der Eisenwerke Gelsenkirchen.
Im heutigen Hafen Grimberg wurde vor allem Erz für die Hüttenwerke in Bochum und Gelsenkirchen angeliefert und über die am Hafen beginnende sogenannte *Erzbahntrasse* zu den Werken transportiert.
Westlich des Hafenbeckens befand sich ein großes Erzlager, östlich das Kohlelager. Nachdem der Hafen durch das Ende der Erzverarbeitung seine eigentliche Aufgabe verloren hat, wird er heute u. a. von Recyclingbetrieben genutzt. Und auch das *Fahrgastschiff „Pirat“* hat hier seinen Liegeplatz.
Ganz in der Nähe vom Grimberger Hafen sind außerdem die *ZOOM Erlebniswelt* und die *Künstlerzeche Unser Fritz*.

Im Hafen Friedrich der Große

Hafen Herne
Siehe: Yachthafen Herne

Hafen Hugo

In Gelsenkirchen-Schalke-Nord gelegen, besteht der Hafen Hugo aus einem zum Kanal hin offenen Hafenbecken, dessen Anlagen aber inzwischen komplett entfernt worden sind. Der Hafen gehörte zur ehemaligen Zeche Hugo, die nordwestlich des Kanals ihre Standorte hatte und mehrere Schachtanlagen betrieb. Der erste Schacht des Bergwerks wurde 1873 abgeteuft, vier Jahre später mit dem Kohleabbau begonnen.
Noch Ende der 1970er-Jahre legte man Schacht 9 an. 1980 betrug die Förderung 3,5 Mio. Tonnen, und mehr als 5000 Beschäftigte arbeiteten damals auf Hugo. Nachfolgend kam es zu verschiedenen Zusammenlegungen mit anderen Bergwerken, bevor die Zeche im Jahr 2000 stillgelegt wurde.

Fast wie früher - Kohleverladung im Hafen Julia.

Hafen Julia

Ein Hafen im Stadtgebiet von Herne-Baukau (Hertener Straße), am Nordufer bei Kilometer 33 des *Rhein-Herne-Kanals* zu finden. Der Hafen wirkt - wie viele kleinere Werkshäfen - mehr wie eine dreieckige Verbreiterung des Kanals und diente gleichzeitig als Anlegestelle und Wendehafen. Früher gehörte er zur Zeche Julia, die etwas weiter südlich des Kanals angesiedelt war.
Von 1867 bis 1966 betrieben, wurden zu Hochzeiten des Bergwerks z. B. im Jahr 1939 fast 2000 Menschen beschäftigt und mehr als 800.000 Tonnen Kohle gefördert. Damals diente der Hafen zur Verladung der heimischen Kohle, während er heute für die Anlieferung von Import-Kohle genutzt wird, um das gegenüberliegende Kraftwerk Herne-Baukau zu versorgen.

Hafen König Ludwig

Schon auf Castrop-Rauxeler Stadtgebiet, auf der Nordseite des *Rhein-Herne-Kanals* bei Kanalkilometer 38, liegt am Oberwasser der *Schleuse Herne-Ost* der Hafen König Ludwig.
Er diente früher dem Kohletransport der gleichnamigen Zeche in Recklinghausen, wurde von Ende 1897 bis 1898 angelegt, denn er gehörte damals noch zum *Zweigkanal* des *Dortmund-Ems-Kanals*. 1913 wurde das Becken erweitert, 1952 musste als Folge von *Bergsenkungen* die Kaimauer um 2,5 m erhöht werden. In den 1980er-Jahren wurde das mittlerweile ungenutzte Hafenareal an einen Motorbootsportclub verpachtet und wird seitdem als Sportboothafen genutzt. Auf der früheren Trasse der Zechenbahn, die den Hafen mit der weiter nördlich gelegenen Zeche verband, verläuft heute ein Rad- und Fußweg (König-Ludwig-Trasse). (Siehe auch: Automobil- und Motorbootsport-Club (AMC))

Hafen Luck
Kanalhafen der Bau- und Baustofffirma Luck in Castrop-Rauxel-Habinghorst (Moselstraße); der kleine Betriebshafen zeigt kein ausgeprägtes Hafenbecken, sondern wirkt wie eine leichte Verbreiterung des Kanals, um ein Anlegen der Schiffe möglich zu machen.

Hafen Marmorit
Die Anlegestelle des Baustoffproduzenten Knauf Marmorit GmbH liegt an der Nordseite des ehemaligen Seitenarms, der in Castrop-Rauxel-Henrichenburg vom *Rhein-Herne-Kanal* abzweigt.

Hafen Mathias Stinnes
Der Hafen der früheren Zeche Mathias Stinnes (Beginn der Abteufung 1860, Stilllegung 1972) befindet sich am Nordufer des Kanals, rechts der heutigen *Gladbecker Straße*, auf dem Stadtgebiet von Essen. Durch die Schließung der Zeche verlor der Hafen seine Bedeutung und wurde abgebaut - heute steht lediglich noch die Kaimauer.

Hafen Nordstern
Stillgelegter Hafen der ehemaligen Zeche Nordstern, an der Nordseite des Kanals, an der Stadtgrenze von Gelsenkirchen und Essen gelegen. Die Anfänge der Zeche reichen bis in die Mitte des 19. Jahrhunderts zurück: 1875 wurde Schacht I angelegt - es war der erste nördlich der *Emscher*, und so bekam die Zeche den Namen „Nordstern".
Stillgelegt wurde sie 1993. Doch schnell fand man eine neue Nutzung für das brachliegende Gelände: das Areal beiderseits des Kanals wurde 1997 Teil der Bundesgartenschau und zum *Nordsternpark* bzw. Landschaftspark Heßler umgewandelt.

Am Hafen Rütgers

Hafen Recklinghausen
Siehe: Stadthafen Recklinghausen

Hafen Ruhr Oel
Siehe: Hafen Bottrop

Hafen Rütgers
Der Hafen liegt im Bereich von Castrop-Rauxel-Bladenhorst in der Nachbarschaft zum *Hafen Victor*. Dort macht der Kanal einen Schwenk nach Norden. Direkt östlich findet man dann das Betriebsgelände der Rütgers Chemicals, deren Arbeitsgebiet die Teerchemie ist (z. B. die Herstellung von Pech aus Steinkohlenteer). Aus Sicherheitsgründen verfügt der Hafen über eine Druckluftölsperre.

Kohleverladung im Hafen Bottrop.
Mit der Zeche Prosper ist in Bottrop die letzte Zeche des Ruhrgebiets in Betrieb.

Recyclingschrott im Hafen Bottrop - der blaue Kran wurde 2014 abgebaut.

An der Wasserschutzpolizei-Wache Essen mit Blick in den Stadthafen

Historischer Verladekran im Hafen Wanne-West. Er war unter dem Namen „Krummer Hund“ weithin bekannt, wurde 2012 aber demontiert. Inzwischen ist vom früheren Hafenbecken lediglich noch die Kaimauer erhalten.

Naturschauspiel und Kohleverladung

Eisbildung im Bereich des Essener Stadthafens im Winter 2012

Abendstimmung am kleinen Dreieckshafen Coelln-Neuessen vor der A 42

Bergungsfahrzeug im Hafen Mathias Stinnes in Essen - dahinter das RWE-Kraftwerk.

Hafen Victor
Der Hafen in Castrop-Rauxel-Bladenhorst am Südufer des Kanals war der Kohleverladehafen der ehemaligen Zeche Victor. Auch heute wird hier noch mit Hilfe von zwei Portalkrananlagen Kohle umgeschlagen - allerdings gebracht, nicht abgeholt!

Hafen Wanne-Ost
Der Hafen Wanne-Ost (bzw. Osthafen Wanne) befindet sich am südlichen Ufer des Kanals, unweit vom ehemaligen *Haus Crange* und der *Schleuse Wanne-Eickel*. Er wird hauptsächlich zum Umschlag von Schrott genutzt und wie der frühere Westhafen Wanne von der Wanner-Herner Eisenbahn und Hafen GmbH betrieben.

Hafen Wanne-West
Das nördlich am Kanal gelegene Hafenbecken des früheren Westhafens Wanne ist inzwischen verfüllt. Lediglich die Kaimauer mit Ladeeinrichtungen für Massengüter (Kohle, Sand u. ä.) ist noch vorhanden.
Auf dem ehemaligen Hafengelände befindet sich heute das Güterverkehrszentrum Emscher. Es geht am alten Hafen also immer noch um den Transport von A nach B.

Hafenkanal
Der Hafenkanal des *Duisburger Hafens* verbindet den *Rhein-Herne-Kanal* mit dem Rhein und führt am Südrand der Hafenbecken A, B und C entlang, bevor er die *Mercatorinsel* passiert und dann in den Rhein mündet. Auf der Landzunge der ehemaligen *Speditionsinsel* ist mit der Umgestaltung begonnen worden, so dass in Duisburg ein neuer Park entstehen wird, in dem auch viel Platz für Kunst und Kultur sein wird.

Blick in den Hafen Victor

Hafenstraße
Die Hafenstraße führt bei Kilometer 17 von Süden, von Essen-Vogelheim, über den *Rhein-Herne-Kanal*, wechselt allerdings in der Mitte der Brücke an der Stadtgrenze zu Bottrop den Namen und legt den Rest der Überführung als Vogelheimer Straße zurück. Direkt hier am Kanal liegt die Straßenbrücke selbst ebenfalls unter einer Brücke, denn dort verläuft die Autobahnbrücke des *Emscherschnellwegs* (A 42).

Halde Hoppenbruch
Dass die grüne Erhebung der Halde Hoppenbruch früher einmal eine Müllhalde der Deponie war, sieht man dem kleinen Berg, der im Süden von Herten an der Stadtgrenze zu Herne und kaum einen Kilometer vom *Rhein-Herne-Kanal* entfernt liegt, längst nicht mehr an. 1980 begann man mit der Begrü-

nung. Inzwischen wachsen über 40 Baum- und Straucharten dort, Teiche entstanden, Flussregenpfeifer, Grünspechte und viele andere Vögel gehören zu den rund 30 Arten, die hier einen Lebensraum gefunden haben. 1987 wurde das Projekt vom Bundesbauminister ausgezeichnet, zu dem auch eine Windkraftanlage gehört, von der aus man einen herrlichen Panoramablick über das mittlere Ruhrgebiet genießen kann. Seit einigen Jahren schon ist die vollständig begrünte Halde Hoppenbruch eine offizielle Mountainbikehalde mit ausgewiesenen Fahrstrecken, aber genauso auch mit angenehmen Wanderwegen, so dass sich ein Besuch gleichermaßen ohne Fahrrad lohnt.
Und man kann nebenbei so einiges lernen, denn der Skulpturengarten Windkraft vermittelt Wissenswertes zu dieser regenerativen Energie und macht sogar optisch viel her. Neben der Theorie brummt zugleich auch die Praxis, vorausgesetzt der Wind reicht aus, um den Rotor der Windkraftanlage in Bewegung zu setzen. Hoppenbruch gehört zum Landschaftspark Hoheward mit der noch weit größeren und höheren Halde Hoheward.

Handelshafen

Er ist Teil des *Stadthafens Gelsenkirchen*, der aus den beiden großen, separaten Hafenbecken des Industriehafens und des Handelshafens besteht. Das Hafenbecken des Handelshafens zweigt in südlicher Richtung senkrecht zum Kanal ab.

Hansestadt Duisburg

Wie wichtig Duisburg als Handelsstadt und Warenumschlagplatz auch früher schon war, zeigt, dass die Stadt u. a. von 1407 bis 1669 Mitglied der Hanse

Blick von der Halde Hoheward Richtung Halde Hoppenbruch

wurde. Damals allerdings war in Bezug auf die Schifffahrt nur der Rhein das Tor zur weiten Welt.
Seit nunmehr einhundert Jahren beginnt im *Duisburger Hafen* der *Rhein-Herne-Kanal* und eröffnete Duisburg einen weiteren wichtigen Schifffahrtsweg. Endlich konnte man auch gen Osten seine Schiffe aussenden.

Haus Crange

Die ehemalige Wasserburg im heutigen Herne-*Crange* wurde um 1440 auf einer Insel im Tal der *Emscher* errichtet. Der Name leitet sich von Krang ab, früher einmal die Bezeichnung für Flussschleife. Nördlich der einstigen Burg befand sich eine Kapelle, die aber bereits 1873 abgebrochen wurde. Auch diese Burganlage durchlief einen fast klassischen „Werdegang“: mal brannte sie aus, wurde neugestaltet und wechselte immer

Hinter der Schleuse Herne-Ost,
weiter geht die Fahrt Richtung Gelsenkirchen

mal wieder den Besitzer - so ging sie z. B. 1905 an die neue Kanalbaugesellschaft - und verfiel schließlich.
Zwar hatte sich noch 1991 ein Förderverein zur Rettung des Hauses gegründet, doch die Maßnahmen zum Erhalt des gesamten Gebäudes kamen zu spät. 2012 machte man die sanierte Ruine der Burganlage wieder zugänglich.
Ein Rundweg um die noch erhaltenen Grundmauern informiert Besucher über die Historie des Ortes.
Viel bekannter machte Crange allerdings die *Cranger Kirmes*, die jedes Jahr in unmittelbarer Nähe der Ruine von Haus Crange stattfindet.

Haus Ripshorst
Das ehemalige Bauerngut in Oberhausen ist Infozentrum zum Thema Naturschutz. „Haus des Parks" (Reise in den *Emscher Landschaftspark*) und „Haus des Gartens" (Geschichte des Gehölzgartens mit Blick in 60 Mio. Jahre Fauna) sind Schwerpunkte, die man dort anschaulich erleben kann. Am Südufer des *Rhein-Herne-Kanals* zu finden, liegt Haus Ripshorst in idyllischer Umgebung auf einer 40 Hektar großen Freifläche inmitten des gleichnamigen Gehölzgartens und ist nun seit 1999 das Informationszentrum des Emscher Landschaftsparks. Die dortige Dauerausstellung präsentiert die Vielschichtigkeit des Landschaftsparks mit seiner eigenwilligen Industrienatur, den beeindruckenden Landmarken und vielen weiteren Parks. Im extra errichteten Holzhaus sind mehrere Naturschutzorganisationen ansässig.

Haus Vörde
Das einstige Rittergut in Bladenhorst (heute zu Castrop-Rauxel gehörend) wurde Mitte des 13. Jahrhunderts er-

Am Stadthafen Gelsenkirchen (2000)

richtet und war Wohnsitz des Dietrich von Vörde. Zuletzt führten nur noch Pächter die Gutsherrschaft, bevor es 1918 mit dem umliegenden Land an die Klöckner-Werke ging, die in der Nachbarschaft groß geworden waren.
2004 wurde das ehemalige Rittergut Haus Vörde wegen Baufälligkeit abgerissen.

Hebewerk Henrichenburg
Siehe u. a.: Industriedenkmal Altes Hebewerk

Heile Welt auf dem Wasser
Für die *Wasserschutzpolizei (WSP)* im Bereich des *Rhein-Herne-Kanals* geht an schönen Sommertagen das größte Ärgernis von leichtsinnig handelnden Freizeitschwimmern am Kanal aus, wenn beim Spaß im erfrischenden Nass von den Brücken gesprungen wird oder Schiffe

Kurz nach dem Übergang des Rhein-Herne-Kanals in den Dortmund-Ems-Kanal bei Datteln. Ein Abzweig leitet hier rechts hinüber zum neuen Hebewerk Henrichenburg.

angeschwommen werden.
Das nervt und besorgt Schiffsführer und Polizisten, denn es ist äußerst gefährlich und daher auch unter Strafe verboten. Ansonsten gibt es - laut WSP - keine größeren Probleme, im Gegenteil, man spricht dort erfreulicherweise von einer (fast) heilen Welt auf dem Wasser!

Heinz-Schleußer-Marina

Dieser moderne Sportboothafen wurde 2004 eröffnet und liegt in unmittelbarer Nähe zum *CentrO*, dem *Sea Life Oberhausen* und dem Freizeitbad *AQUApark*; weitere sehenswerte Einrichtungen wie der *Gehölzgarten Ripshorst*, der gewaltige *Gasometer* und *Schloss Oberhausen* sind gar nicht weit weg.
An dreizehn Stegen gibt es 60 Liegeplätze und weitere Einrichtungen für die Versorgung der Freizeitschiffer - inklusive viel maritimer Atmosphäre.

„Helene“, „Sleipnir“, „Thalia“ und „Vesalia“

So lauteten die Namen der Schiffe, die im Juli 1914 eine entscheidende Probefahrt auf dem noch nicht eröffneten *Rhein-Herne-Kanal* unternahmen - alles ging gut, sie kamen problemlos durch.

Henrichenburg

Heute ein Stadtteil von Castrop-Rauxel, der auf eine mittelalterliche Burganlage zurückgeht, die erstmals 1263 urkundlich erwähnt wurde. Besitzer war Arnold Ritter von Henrichenburg. Die Anlage lag strategisch vorteilhaft an der Grenze zwischen dem Vest Recklinghausen und der Grafschaft Mark. In der Folge wechselte mehrfach der Besitzer, während die Burg immer wieder um- und ausgebaut wurde.
Schließlich musste sie im Jahr 1787 wegen Baufälligkeit abgerissen werden. Ein Teil des Materials wurde zum Bau des neuen Gutshauses - dem Haus Henrichenburg - wiederverwendet.
1994 stieß man bei Bauarbeiten auf einer Wiese neben dem *Rhein-Herne-Kanal* auf Reste der alten Burganlage. Als das wertvolle archäologische Material geborgen war, wurde das Gelände zu einem Park umgestaltet und die Burganlage wieder aufgebaut - allerdings dies nicht im eigentlichen Sinne aus Steinen gebaut, sondern Büsche, Hecken und Bäume bilden den begehbaren Grundriss im Landschaftsarchäologischen Park Henrichenburg nach!
Henrichenburg war auch Namensgeber für das anliegende Hebewerk, an dem der Rhein-Herne-Kanal endet und auf den von Dortmund kommenden *Dortmund-Ems-Kanal* trifft. Hier überwindet der Dortmund-Ems-Kanal einen Höhen-

Die Herkulesfigur auf dem ehem. Förderturm der Zeche Nordstern

unterschied von 13,5 m, wofür es im Laufe der Zeit mehrere Hebebauwerke gab: das alte *Schiffshebewerk* von 1899, die Schachtschleuse von 1917, das neue Hebewerk von 1962 und die neue Schleuse Henrichenburg von 1989.

Herkules mit Kanalblick

Von der Spitze des ehemaligen Förderturms der Zeche Nordstern im Gelsenkirchener *Nordsternpark* genießt seit Dezember 2010 eine 18 m hohe Herkules-Skulptur einen einmaligen Kanalblick. Das 23 Tonnen schwere Kunstwerk wurde von dem namhaften deutschen Künstler Markus Lüpertz gestaltet. Der kraftstrotzende Liebling der Götter soll Mut und Tatkraft ausstrahlen und symbolisch für den strukturellen Wandel der Region stehen. Wer es Herkules in Bezug auf die Aussicht gleichtun will, kann dies von der Besucherterrasse des Turms machen.

Herkules wurde übrigens in 244 Einzelteilen aus Aluminium gegossen und später zusammengeschweißt.

Herner Meer

Herner Meer, so nennt man eine etwa 500 m lange und rund 250 m breite Wasserfläche östlich der *Schleuse Herne-Ost*, gebildet durch den Schleusen-Vorhafen, den *Yachthafen Herne* und die früheren *Häfen König Ludwig* und *Friedrich der Große*.

Im Sommer beliebter Treffpunkt zum Sonnen und Baden, soll hier mit etwa neun Metern auch die tiefste Stelle des Kanals liegen.

Hertener Straße

Bei Kilometer 32,4 quert die Hertener Straße den Kanal. Fortan als Cranger Straße, betritt sie kurz Hertener Stadtgebiet und verbindet dabei Herne-Cran-

Am Herner Meer wurde im Rahmen der „Emscherkunst 2010“ eine 20 m hohe Skulptur aus zartgelbem Aluminium errichtet.
Schon bald bekam sie von den Bürgern den Spitznamen „Käseturm“.

ge mit Recklinghausen-Hochlarmark, wo sie dann am Fuße der gewaltigen Halde Hoheward vorbeizieht.

Hesse in Essen?

Dass der große Schriftsteller Hermann Hesse (1877 - 1962) einen besonderen Bezug zum *Rhein-Herne-Kanal* in Essen hatte, ist nicht überliefert. Gemeint ist vielmehr das beliebte Freibad in Essen-Dellwig, das im Volksmund „Hesse“ genannt wird und in herrlicher Lage direkt am Kanal liegt.
(Siehe: Freibad „Hesse“)

Hindernis Brücke

Für die Binnenschiffer waren und sind Brücken immer ein gewisses Hindernis. Auch die Rettungskräfte können von so

manchem Unfall berichten. So hatte ein Schiffsführer in den 1960er-Jahren z. B. einmal vergessen, sein Führerhaus vor der Eisenbahnbrücke am Oberhausener Kaisergarten einzufahren.
Die Brücke war damals außerdem niedriger als heute, und so kam es zum Unfall. Das ganze Führerhaus riss ab, der Kapitän wurde schwer verletzt, und das Schiff schlug führerlos mehrfach gegen die Spundwände. Durch den Lärm wurden die DLRG-Schwimmer in ihrem Haus am Kanal aufmerksam und alarmierten die Feuerwehr.
Kamen damals die Schiffe unbeladen zu dieser Brücke, mussten sie erst anhalten, Wasser als Ballast einfüllen und dann weiterfahren, denn sonst hätten sie zu hoch gelegen für die Durchfahrt - später wurde die Brücke dann angehoben. Heute können sich die Schiffsführer über das Computersystem *ELWIS* der Wasser- und Schifffahrtsverwaltung des Bundes u. a. über die Brückendurchfahrtshöhen informieren und sich dementsprechend darauf einstellen.

Hochwasserkatastrophe 1909
Fünf Jahre nach der bis dahin schwersten Hochwasserkatastrophe im Emschertal trat der mit Abwässern verseuchte Fluss erneut in Gelsenkirchen (Horst) über die Ufer.
Weite Ackerflächen glichen einem See, hohe Sachschäden sowie ein Toter waren die Folge. Erste Kanalisierungsprojekte der Emschergenossenschaft (1899 gegründet) hatten die Fluten nicht halten können. Schlimmer als die Überschwemmungen war die anschließende Seuchengefahr.
Im Zuge des Baus des *Rhein-Herne-Kanals* (von 1906 bis 1914) wurden Teile der *Emscher* ein Stück nach Norden verlegt und weiter kanalisiert.

Hochwassersperrtor
Im *Verbindungskanal* zwischen Ruhr und *Rhein-Herne-Kanal* 1936 errichtet, zunächst um ein Auslaufen des Kanals in Richtung Ruhr zu verhindern.
Nach einem Umbau 1953 wird es auch als Hochwasserschutztor genutzt, so dass ein Ruhrhochwasser oder ein Rückstau aus dem Rhein nicht mehr in den Kanal drängen konnten. Das gewaltige Tor ist dort kaum zu übersehen.

Höhenunterschied
Mit den heutigen fünf Schleusen wird der Höhenunterschied von 31,5 Metern zwischen dem Rhein und dem Scheitelpunkt des Kanals überbrückt.

„Holzwasserleiche" spurlos verschwunden
Als Übungsobjekt wurde früher von den Rettungstauchern der Feuerwehr und der *DLRG Oberhausen* eine Holzpuppe benutzt, die mit Blei beschwert, im Kanal vor dem DLRG-Heim versenkt wurde. Bei einer Übung konnte die Puppe aber nicht wiedergefunden werden, obwohl man sich - wie sich ein Beteiligter erinnerte - „dumm und dusselig gesucht hatte". Es stellte sich später heraus, dass sich die Puppe in der nachgeschleppten Kette eines vorbeifahrenden Kahns verfangen hatte und mitgezogen wurde. Da hätte man wirklich noch lange suchen können ...!

Hüller Bach
Er ist einer der größeren querenden Bäche des *Rhein-Herne-Kanals*, kommt aus dem Bochumer Norden und taucht in Gelsenkirchen mit einem *Düker* zwischen der *ZOOM Erlebniswelt* und dem *Hafen Grimberg* unter dem Kanal hindurch, um die *Emscher* kurz darauf zu erreichen.

Mit geballter Kraft durchs Kanalwasser

I

Ideales Ruderrevier - der Rhein-Herne-Kanal.

IBA Emscher Park
Siehe: Internationale Bauausstellung Emscher Park

IBA-Startschuss
Im Dezember 1988 wurde das Konzept der *Internationalen Bauausstellung Emscher Park* offiziell vorgestellt.
Das von der Landesregierung, den Emscherstädten, Unternehmen, Berufsverbänden, Gewerkschaften, Architekten und Planern entwickelte Programm sollte dem Strukturwandel im Ruhrgebiet zukunftsweisende Impulse geben.
Schwerpunkt der IBA war der *Emscher Landschaftspark*. Zu den Kommunen, die der IBA beigetreten waren, gehörten: Duisburg, Oberhausen, Mülheim, Bottrop, Essen, Gladbeck, Bochum, Gelsenkirchen, Recklinghausen, Herne, Herten, Castrop-Rauxel, Waltrop, Lünen und Kamen. Fast 100 Projekte in fünf Arbeitsbereichen (Emscher Landschaftspark, ökologischer Umbau des Emscher-Systems, Arbeiten im Park, Wohnungsbau und integrierte Stadtentwicklung, neuartige Nutzung von Industriebauten) wurden durchgeführt. Durch die häufig unmittelbare Nähe zum *Rhein-Herne-Kanal* wirkten sich die Projekte auch auf die Umgestaltung des Kanals aus und erhöhten seine Attraktivität.

Ideales Ruderrevier
Speziell für Ruderer stellt der *Rhein-Herne-Kanal* ein richtig gutes Übungsgebiet dar. Er hat lange, gerade Strecken mit wenigen Wellen, so gut wie keine Strömungen und nicht allzu viel Berufsschifffahrt, der man zudem recht gut ausweichen kann. Kein Wunder, dass sich rechts und links vom Kanal so mancher Rudersportverein niedergelassen hat und auch immer wieder erfolgreiche Sportler hier ihre Wurzeln haben.

Im Sulky parallel zum Kanal
Das in Castrop-Rauxel liegende, an den Kanal angrenzende *Trabergestüt Bladenhorst* mit eigener Trainingsbahn war lange Jahre in Besitz und zugleich Trainingsgelände der weltweit bekannten und überaus erfolgreichen Pferdesportlegende *Heinz Wewering* (Jahrgang 1950).
In jüngster Zeit werden hier in einem Jobcenter-Projekt jugendliche Arbeitslose geschult. Sicher motiviert die schöne Umgebung zusätzlich.

Industriedenkmal Altes Hebewerk
In Waltrop wurde im September 1992 das historische Hebewerk Henrichenburg als Teil des Westfälischen Industriemuseums (WIM) des Landschaftsverbands Westfalen-Lippe (LWL) wiedereröffnet. Damit konnte es 100 Jahre nach Baubeginn seiner neuen Funktion als *Museum für Binnenschifffahrt* zugeführt werden.
Das architektonisch überaus sehenswerte Hebewerk hatte die Aufgabe, die 14 m Niveau-Unterschied am *Dortmund-Ems-Kanal* für die Schiffe überwindbar zu machen, bis eine neue Anlage das alte Hebewerk von 1899 ersetzte und der Betrieb 1969 eingestellt wurde. Nach und nach verfiel es und war schon zum Abriss freigegeben, als das industriegeschichtlich bedeutende Bauwerk 1981 vom Museum übernommen wurde. (Siehe auch: Schleusenpark Waltrop/LWL Industriemuseum)

Industriehafen
Der am Südufer gelegene Industriehafen ist Teil des Gelsenkirchener Stadthafens. Sein sehr langes, schmales Hafenbecken verläuft im spitzen Winkel zum Kanal und zweigt gleichzeitig mit dem *Handelshafen* vom Kanal ab.

Insel Henrichenburg
Bei Castrop-Rauxel-Henrichenburg (Wartburgstraße) gelegene Kanalinsel. Zu Reparaturarbeiten am *Emscherdüker* hatte man dort in den 1920er-Jahren eine Ersatzstrecke gebaut (eine sog. *Zweite Fahrt*), als nach einer Beschädigung des Emscherdükers der Kanal leer gelaufen war. Nach Beendigung der Arbeiten wurde die Strecke wieder stillgelegt. 1934 bis 1937 wurde der tote Arm dann geschlossen. (Siehe auch: Wartburginsel und Sabotageakt)

„Inselterrassen"
Ja, der Name klingt schon echt mediterran und gehört zu einer beliebten Gastronomie auf der Kanalinsel in Castrop-Rauxel-Henrichenburg.
Das Lokal im Grünen auf dem Gelände des *Rudervereins Rauxel* wird seit einigen Jahren von Richy geführt, einer „lokalen Größe" in Castrop-Rauxel.
Bei schönem Wetter bevölkern neben den Mitgliedern der umliegenden Wassersportclubs auch Radfahrer, Spaziergänger und Ausflügler die Terrassen.

Internationale Bauausstellung Emscher Park (IBA Emscher Park)
Keine Ausstellung im herkömmlichen Sinne war die IBA, sondern ein Zukunftsprogramm für die Industrieregion Emscher, das vom Land NRW entwickelt wurde. Durch vielfältige Maßnahmen sollte sich die Lebens- und Wohnqualität, aber auch die wirtschaftliche Situation der Emscherregion bzw. des Nördlichen Ruhrgebiets verbessern.
Zwischen Duisburg und Bergkamen wurden in den Jahren 1989 bis 1999 an 120 Standorten Projekte angestoßen und umgesetzt, mit denen der Wandel der Region vorangebracht werden sollte.
Bis in die heutige Zeit sind die Spuren

der IBA sichtbar und nachhaltig spürbar. Ein besonderes Highlight der IBA Emscher Park steht in Bottrop: Die Halde Beckstraße mit dem in der Dunkelheit beleuchteten, etwa 50 m hohen und für Schwindelfreie auch begehbaren Aussichts-Tetraeder auf dem Plateau ermöglicht einen tollen Blick hinüber zu Emscher und Kanal, aber auch zur Nachbarhalde mit der Skihalle.
Die Idee der IBA findet in der *Route der Industriekultur* und Veranstaltungen wie der *ExtraSchicht* ihre Fortsetzung. (Siehe auch: IBA-Startschuss)

Insel Henrichenburg - sie entstand durch den Bau einer zweiten Fahrrinne. Hier hat der RV Rauxel sein Vereinsgelände.

J

Jubiläumsausstellung 2014 im LWL-Industriemuseum Henrichenburg

Johannes Rau trifft Graf Bismarck in Gelsenkirchen

Dies natürlich nur im übertragenen Sinne, denn nach der Neunutzung des Geländes der ehemaligen *Zeche Graf Bismarck* in Gelsenkirchen schließt die neuangelegte Johannes-Rau-Allee das dort entstandene Siedlungs- und Freizeitgebiet Graf Bismarck ans bestehende Straßennetz an. (Siehe auch: Kanaluferpark)

Jubiläumsausstellung

Das Museumsschiff „*Ostara*“, ein alter Schleppkahn, wird im Jubiläumsjahr 2014 schwimmende Ausstellung sein.

Dort kann man Schaustücke aus dem kompletten Spektrum der Kanalgeschichte in Augenschein nehmen, wie etwa fossile Fundstücke, die beim Bau des Kanals zutage traten, Gebrauchsgegenstände aus dem Alltag der Binnenschiffer, aber auch ganz profane Dinge wie Funde der Wasserschutzpolizei.

Die „Ostara“ wird vom 4. bis 8. Mai in Waltrop am Binnenschifffahrtsmuseum zu finden sein, dann ist der Schleppkahn bis Anfang Juni auf dem Kanal unterwegs, kehrt anschließend zum Hebewerk zurück und bereichert dort bis Anfang August wieder die Museumsausstellung.

Jubiläums-Sperrung

Feiertagsstimmung zum 100. Geburtstag: Am 30. August 2014 wird der Kanal für einen Tag für die Berufsschifffahrt gesperrt, um den anliegenden Vereinen und allen Wassersportlern Gelegenheit zum Feiern zu geben und ihrem Kanal zum Hundertjährigen die Ehre zu erweisen. An diesem Tag sollen auch Paddler und Kanuten die Möglichkeit haben, die *Schleusen* zu benutzen, was sonst wegen der Schifffahrt nicht möglich ist.

Kaisergarten
Der Kaisergarten gehört nach wie vor zu den beliebten Ausflugszielen mit Tradition. Am *Schloss Oberhausen* gelegen, im Schatten des *Gasometers*, erstreckt er sich über 28 Hektar als stimmungsvoller Park mit bequemen Wanderwegen, die am Teich vorbei auch zum nahen *Rhein-Herne-Kanal* führen. Kinder freuen sich dort u. a. über ein großes Tiergehege oder die Pony-Reitanlage.

Kanalbau - Stellenwert
Für die damaligen Zechen im Umkreis des seinerzeit geplanten *Rhein-Herne-Kanals* war der Bau von großer Bedeutung. Denn bis zum Beginn des 20. Jahrhunderts war die deutsche Binnenschifffahrt dort noch ausschließlich an die von Nord nach Süd verlaufenden Flüsse wie Rhein, Ems, Weser u. a. gebunden. Im Zuge der Industrialisierung des Ruhrgebiets ab Mitte des 19. Jahrhunderts wurde es zunehmend notwenig, im industriellen Kerngebiet der Hellweg- und Emscherzone ein Kanalsystem in Ost-West-Richtung anzulegen, um Massengüter wie Kohle, Erz, Eisen und Stahl kostengünstig transportieren zu können.
1899 war die Eröffnung des Dortmund-Ems-Kanals ein erster Schritt dazu, 1914 folgte mit dem *Rhein-Herne-Kanal* die nächste bedeutende Etappe.

Kanalfeste
Die Kanal- und Hafenfeste der anliegenden Städte und Vereine gehören bei den Einwohnern zu den beliebten Veranstaltungen im Jahreslauf. In Herne beispielsweise findet jedes Jahr im September ein Kanalfest statt und wird durch Vereine und Institutionen veranstaltet. In *Datteln* gibt es, (unweit des dort endenden *Rhein-Herne-Kanals*) am Wesel-Datteln-Kanal seit 1969 das Kanalfestival. Ins Leben gerufen wurde es durch den damaligen Bürgermeister, den Schifferverein Datteln und die umliegenden wassersporttreibenden Vereine. Zur Tradition gehören der Lampionkorso und das große Höhenfeuerwerk - bis heute Glanzpunkte der Veranstaltung, die seit 1996 alljährlich an jedem vorletzten Wochenende im August abgehalten wird.

„Kanalhelden"
Eine Theaterproduktion über das Leben junger Leute im Ruhrgebiet, die der Stuttgarter Autor Christian Schönfelder zusammen mit Regisseur Frank Hörner und dem Ensemble des theaterkohlenpott entwickelt hat.
Die beiden arbeiteten dabei mit den Schülern zweier Herner Schulen zusammen und ließen sich aus deren Leben,

von ihren Träumen und ihren Sorgen berichten.
Im Oktober 2011 hatte das Stück in den Flottmannhallen in Herne Premiere. Sicher ein passender Aufführungsort.

Kanalinsel Henrichenburg
Ein besonders lauschiges Stück Castrop-Rauxel befindet sich auf der *Wartburginsel*, die schon in den 1920er-Jahren entstand, als zur Behebung eines erheblichen Schadens am *Emscherdüker* eine Ausweichstrecke gebaut werden musste. Nachdem diese dann wieder zweischiffig befahrbar war, wurde die sogenannte *Zweite Fahrt* stillgelegt und später auch an den Enden verschlossen. Zurück blieb im Bereich der heutigen Wartburgstraße eine langgestreckte Insel mit Spazierwegen, Gastronomie und Sportanlagen. (Siehe auch: Sabotageakt)

Ehemaliger Kran im Hafenbereich Bottrop

Kanalleben
Eine ganz besondere Gelegenheit zur Nutzung des Kanals haben die Wassersportler im Rahmen des Jubiläumsjahres 2014: Am 30. August wird die Berufsschifffahrt einen Tag pausieren, so dass nach Herzenslust gepaddelt, gerudert und geschwommen werden kann. Eine schöne Möglichkeit für alle Wassersportvereine und sonstigen „Wasserratten“, den Kanal zu beleben.

Kanalschänke
Die ehemalige „Kanalschänke“ und heutiges „Haus Olfmann“ findet man in Castrop-Rauxel-Becklem (Suderwicher Straße 111). Von der Familie Olfmann erbaut und im Sommer 1960 als Speisegaststätte unter dem Namen „Kanalschänke“ eröffnet, gehörten in dieser Zeit der regen Kanalschifffahrt auch viele Binnenschiffer zu ihren Gästen. Zwar konnte man wegen der geneigten Uferböschung nicht direkt an der Gasthausseite des Kanals anlegen, sondern musste die gegenüberliegende Anlegestelle nutzen und über die Brücke hinüber spazieren, doch das taten die Schiffer gerne, genauso wie die Sonntagsausflügler, um sich dann in der schönen, ländlichen Atmosphäre verpflegen zu lassen.
Mit den Jahren kamen immer weniger Frachtschiffer, und die Zeit für eine Rast an Land wurde für sie immer knapper, doch umso mehr nahm der Ausflugs- und Radtourismus zu, der durch den Strukturwandel im Ruhrgebiet unterstützt wurde.
Es war in den 1990er-Jahren, als das Lokal unverhofft zu einen neuen Namen kam, denn während des Urlaubs der Familie Olfmann wurde ein neues Werbeschild am Haus angebracht, auf

dem durch einen Irrtum „Haus Olfmann“ statt „Kanalschänke“ stand.
In diesem Kanalabschnitt an der Suderwicher Straße habe die *Freien Kanufahrer Rauxel* ihr Bootshaus und im Café Maxin bzw. im Restaurat Hölter bietet sich eine weitere schöne Einkehrmöglichkeit an.

Kanalstraße
Die Kanalstraße umschließt in ungewöhnlicher Straßenführung den Kanal in Castrop-Rauxel-Habinghorst von beiden Uferseiten und quert die Wasserstraße bei Kilometer 41,2.

Kanalstufen
Bei der Fertigstellung des *Rhein-Herne-Kanals* im Jahr 1914 waren es noch sieben Stufen mit je fünf bzw. in Herne-Ost sechs Metern Höhenunterschied, die die Schiffe im Verlauf der Kanalspassage an den *Schleusen* durchlaufen mussten. Durch *Bergsenkungen* und Vertiefungen des Kanalbetts sind es heute nur noch fünf Stufen.

Kanaluferpark
Auf dem Areal der ehemaligen *Zeche Graf Bismarck* in Gelsenkirchen findet man mittlerweile den Kanaluferpark. Von der Kanalseite betrachtet bildet er das grüne Eingangstor zum Neubaugebiet der Siedlung „Graf Bismarck“; Rad- und Fußwege folgen ehemaligen Gleistrassen, der frühere Kohleverladehafen wurde zum Wasserwanderrastplatz umgebaut und lädt mit lauschigen Ecken und Treppen zum Verweilen ein.

Kanalwasser im Trinkglas
Wasserwerke gehören neben Kraftwerken, der Industrie und verschiedenen Kleinverbrauchern zu den Nutzern des

Kanufahren auf dem Rhein-Herne-Kanal

Kanalwassers. So lassen sie gezielt Kanalwasser durch bestimmte Bodenpassagen versickern, um nach längerer Versickerungsphase daraus Trinkwasser zu gewinnen.

Kanu und Ski
Mitte der 1960er-Jahre bildeten sich bei einigen Kanu-Vereinen am Kanal auch sehr aktive Skigruppen, denn man wollte sich einfach auch im Winter draußen bewegen und etwas zusammen unternehmen. So entstanden beispielsweise beim *Kanu- und Skiclub Herne* und auch beim *Bottroper Kanu-Club* für einige Jahre eigene Skiabteilungen.

Kanu- und Ski-Club Herne
1929 fanden sich einige wasser- und skisportbegeisterte Herner Männer und Frauen zusammen und gründeten den

Kanu- und Ski-Club Herne (KSC-Herne). Ihr erstes Bootshaus mit immerhin 25 Booten errichteten sie am damaligen *Stichkanal* des *Dortmund-Ems-Kanals*. Als dieser Abschnitt jedoch einige Jahre später trockengelegt wurde, hatte man nicht mal mehr die sprichwörtliche „Handbreit Wasser unter dem Kiel". Der ausbrechende Zweite Weltkrieg tat sein übriges, so dass der Verein fast vor dem Aus stand.
Doch zum Glück fand sich kurz nach dem Krieg im heutigen *Yachthafen Herne* an der Gneisenaustraße ein neuer Platz für ein Bootshaus. Im Sommer ging man dort dem Wassersport nach, im Winter wurde Skigelaufen.
Als um 1970 die ersten Motorboote im Verein angeschafft wurden, tauschten nach und nach fast alle Vereinsmitglieder das Paddel- gegen das Motorboot, und auch die gemeinsamen Skifahrten wurden bald eingestellt. Inzwischen ist der Kanu- und Ski-Club Herne ein reiner Motorbootverein, bei dem nur noch der Name an die Ursprünge erinnert.
(www.ksc-herne.de)

Kanu-Club Erin Castrop-Rauxel
Das 1954 gebaute Bootshaus des Vereins liegt auf der rechten Kanalseite bei Kilometer 41,2 an der Kanalstraße in Castrop-Rauxel. Der Name des Vereins geht auf die dortige ehemalige Zeche Erin zurück.
Einst gründete sich der Klub, damit die Kumpel, die aus dem Norden ins Ruhrgebiet kamen, um im Bergbau Arbeit zu finden, sich hier zu Hause fühlten, aber auch damit die Jungleute und Berglehrlinge der Zeche einen Ausgleichssport betreiben konnten.
Zu besten Zeiten hatte der Verein sogar Prominenz der Zeche in seinen Reihen.

Kanu-Club Recklinghausen II
Sie haben etwas westlich der *Hertener Straße* auf Herner Stadtgebiet ihr Vereinsheim (bei km 32,5 an der Hertener Straße 24) und erinnern mit ihrem Namen an die frühere Zeche Recklinghausen II, sind also nicht - wie man vermuten könnte - der zweite Kanu-Club der Stadt. Damalige Kumpel riefen den Verein ins Leben, der bis heute aktiv ist - nun schon seit über 35 Jahren. Die fast 60 Mitglieder des KCRE II treffen sich nach der Idee „Vereinsleben mal anders" - wer kommen will, der kommt! Dabei organisiert der Club vor allem Wanderfahrten auf Flüssen, Kanälen, Seen oder Meeren, und um dafür fit zu sein, wird auf ihrem 5 km langen Kanalabschnitt in bester Laune trainiert.

Kanu-Klub Rauxel
Der Kanu-Klub Rauxel wurde 1949 gegründet und hat sein Bootshaus in unmittelbarer Nachbarschaft zu den Paddlern von „Erin" an der Kanalstraße.

Kanu-Polo
Ende der 1920er-Jahre war der *I. Meidericher Kanu-Club* einer der ersten Vereine, der die neue Sportart Kanu-Polo ins Programm aufnahm und schon bald erfolgreich war: So wurde er 1933 Vize-Meister in Berlin.
Heute kaum mehr vorstellbar, wurde Kanu-Polo in den damals gebräuchlichen, stoffbespannten Faltbooten gespielt. Das Aufkommen der Kunststoffboote brachte in den 1960er-Jahren dem Sport neuen Schwung. Heute sind die Meidericher einer der erfolgreichsten Vereine Deutschlands. Die Kanu-Polo-Mannschaft der Herren wurde mehrfach Deutscher Meister und 2001 Sieger im Pokal der Landesmeister, die

Damen errangen ihren ersten Meistertitel 1994.
Große Turniere werden vom Verein ausgerichtet, so wie die Deutsche Meisterschaft im August 2014. Dann allerdings wird der Verein dem Kanal „untreu", denn die Wettkämpfe werden im Sportpark Wedau ausgerichtet.

Kapitän „zum Anfassen"
Roland Bleich kommt aus einer Kapitänsfamilie aus Herne. Vater Friedrich-Wilhelm war lange Jahre in der Frachtschifffahrt unterwegs, bevor er sich 2003 entschloss, mit der Herner Personenschifffahrt und dem *Ausflugsschiff „Friedrich der Große"* lieber Passagiere zu transportieren. Von ihm lernte Roland Bleich das Schifferhandwerk von der Pike auf, machte 2010 sein Kapitänspatent und übernahm 2011 die „Friedrich der Große", als sein Vater in den Ruhestand ging.
Ein richtiger Kapitän „zum Anfassen" ist Roland Bleich; gerne gibt er interessierten Fahrgästen Auskunft, und man darf ihn auf der Brücke besuchen.
Mit großer Freude vermittelt er dann Einblicke in den Wandel des Ruhrgebiets, den man gerade vom Wasser aus gut beobachten und erklären kann.
Und immer wieder sind auswärtige und einheimische Fahrgäste überrascht, wie grün das Revier geworden ist.

Keine leichte Aufgabe
Leider geschieht es immer mal wieder, dass nach ertrunkenen oder anders verunfallten Menschen im Kanal gesucht werden muss, und dann kommen die Taucher der Feuerwehr zum Einsatz, ggf. unterstützt durch die *DLRG*. So auch bei einem Einsatz in den 1960er-Jahren, als nach einem vermissten Mann gesucht wurde. Erschwert wird die Suche stets durch das dabei stark aufgewirbelte Wasser, so dass meist kaum Sicht vorhanden ist. Also mussten sich auch damals die Taucher mit den Armen voran Stück für Stück über den Grund des entsprechenden Kanalabschnitts tasten. Sicher keine angenehme Aufgabe, wenn man nicht weiß, was einen erwartet. So stieß einer der Taucher auf einen Körper, versuchte sich tastend ein Bild zu machen und glaubte daraufhin, ein totes Pony gefunden zu haben. Einer seiner Kameraden tauchte anschließend zu dem toten Körper ab, um ihn möglichst zu bergen. Wie sich dann herausstellte, war es doch der vermisste Mann.

Kiffward - eine Insel für „Kiffer"?
Es ist der Name einer Straße und einer ganzen Halbinsel im Bereich der *Schleuse Meiderich* im *Duisburger Hafen*, am Anfang des *Rhein-Herne-Kanals*.
Das Wort Ward leitet sich vermutlich von dem Wort Werth für Insel ab. Wer aber scherzhaft annehmen möchte, es wäre eine Insel für „Kiffer" (Hasch-Konsumenten), der liegt ganz falsch, denn der Flurname Kiffert oder auch Kyffert war schon im 16. Jahrhundert als Weide in der Ruhraue bekannt, auf der es dann wohl früher auch einmal jede Menge grünes Gras gab.

Klapptore
Um die Schleusenkammern zum *Oberwasser* abzuschließen, entschied man sich beim Bau des *Rhein-Herne-Kanals* für Klapptore, die sich beim Öffnen Richtung Boden senken und dort dann waagerecht in einem Rahmen liegen, über den die Schiffe einfach hinwegfahren. Wieder angehoben wird das Tor durch eine Zahnstange. Mit dieser Technik ließ sich auf *Bergsenkungen* besser

reagieren. 40 Jahre blieb die Klapptortechnik bestehen, bevor einige Klapptore durch Hubtore ersetzt wurden.

Klares Wasser
Das Wasser des Kanals ist an sich recht klar, nur durch die Schiffe, die durch die geringe Tiefe des Wasserwegs mit ihren Schrauben nicht allzu weit vom Kanalboden entlang ziehen, wird es stark aufgewirbelt und ist deshalb trüb und undurchsichtig.
Steht aber die Schifffahrt still, sei es durch Kanalsperrungen, durch Unfälle oder Bauarbeiten oder früher durch die Sonn- und Feiertage der Binnenschiffer, setzen sich die Schwebstoffe ab und das Wasser wird einladend klar - man kann sogar bis hinunter zum Grund schauen!

Kohleninsel
So eine Insel findet man im *Duisburger Hafen*. Sie liegt zwischen Öl- und Schrottinsel des Ruhrorter Hafens und kann von den Kanalschiffen über die *Schleuse Meiderich* erreicht werden.

Königliche Kanalbaudirektion
Diese Institution wurde 1906 in Essen gegründet, um ihr die Leitung der Arbeiten am neuen *Rhein-Herne-Kanal* zu übertragen, die noch im selben Jahr beginnen sollten. Die Baudirektion hatte während der Bautätigkeiten Ämter in Duisburg-Meiderich, Altenessen und Herne.

König-Ludwig-Trasse
So heißt eine mittlerweile zum attraktiven Rad- und Fußweg ausgebaute ehemalige Güterbahnverbindung zwischen der Zeche König Ludwig in Recklinghausen und dem *Hafen König Ludwig* am *Rhein-Herne-Kanal*.

Konkurrenz in der Schifffahrt
Im 18. und 19. Jahrhundert wurde zunächst die Ruhr zum wichtigsten Transportweg der Kohle, aber auch anderer Güter. Die damals eingesetzten sogenannten „Ruhraaken“ besaßen eine Tragkraft von rund 150 Tonnen. Auf Dauer war man der Konkurrenz durch die Eisenbahn aber nicht gewachsen. Nach ihrer Blütezeit im Jahr 1850 ging die Ruhr-Schifffahrt allmählich zurück. Dazu kam auch die Nordwanderung des Ruhrbergbaus als ein wesentlicher Punkt, warum die Schifffahrt auf der Ruhr 1892 fast komplett zum Erliegen kam. Eisenbahn und ebenfalls die beginnende Kanalschifffahrt hatten der Ruhr binnen kurzem den Rang abgelaufen.

Koopmannstraße
Sie quert bei Kanalkilometer 3,6 in unmittelbarer Nähe des Regionalbahnhofs Duisburg-Meiderich-Ost und einer Eisenbahnbrücke den Kanal.

Kreuzfahrt vor der Haustür
Es muss nicht immer das Mittelmeer sein! Ein gewisses Kreuzfahrt-Gefühl ist auch vor der Haustür möglich, z. B. mit der Personenschifffahrt auf dem *Rhein-Herne-Kanal*.
Verschiedene Schiffe wie die *Santa Monika I* und *II*, das *Ausflugsschiff „Friedrich der Große“*, das *Fahrgastschiff „Pirat“* oder die *Weiße Flotte Baldeney* bieten beschauliche Fahrten mit viel Entspannungsfaktor an. Darüber hinaus kann man die Schiffe auch zu individuellen Fahrten und Anlässen buchen.

Kriegsschäden
Von der Bombardierung des Ruhrgebiets im Laufe des Zweiten Weltkriegs war der *Rhein-Herne-Kanal* erstaunlich we-

nig betroffen. Gerade einmal zwei von 88 Brücken und drei Schleusentore wurden durch Luftangriffe beschädigt. Erst im Zuge der Gefechte zur Besetzung des Ruhrgebiets bzw. während des Rückzugs der deutschen Truppen stiegen die Schäden massiv an: Fast alle Brücken wurden bei den Kampfhandlungen oder durch Sprengaktionen der Deutschen zerstört. Zusätzlich versperrten jede Menge gesunkener oder gesprengter Schiffe den Kanal.
Und die Alliierten sprengten zudem einige Schleusentore, um sich durch den leergelaufenen Kanal einen Übergang auf die andere Seite zu verschaffen.
Im Winter 1945/46 war jedoch das Schlimmste schon wieder behoben, die zerstörten Brücken aus dem Kanalbett entfernt, die Schleusentore repariert, und der Kanal führte wieder Wasser.

„Krimhilde“ sticht in See
Der gebraucht erworbene Doppelvierer „Krimhilde“ - das erste Boot des neugegründeten *Rudervereins Rauxel* - ging im Oktober 1922 auf seine erste Fahrt. Zwei Jahre später bekam der Verein „Bootszuwachs“ durch die Gigvierer „Deutschland“ und „Glück auf“.

Krummer Hund
Was im Ruhrgebiet als eine durchaus gängige Bezeichnung für einen nicht ganz ehrlichen Menschen gilt, war im Westhafen in Herne lange eine eher liebevolle Bezeichnung für einen Ladekran. 1927 erbaut, hatte er eine große Holzkabine und fuhr auf Schienen mit einer gewaltigen Spurweite von 21 Metern. Der historische Hafenkran war lange Zeit einer der ältesten Brückenkräne, mit denen noch gearbeitet wurde, bevor man auch ihn 2012 demontierte. Bei seiner Inbetriebnahme war der Kran durch die elektrische Steuerung seiner Elektromotoren eine technische Besonderheit und markierte somit einen wichtigen Schritt in der Krantechnik. Die Demontage des Denkmals machte die Zufahrt für ein neues Containerterminal frei.

Krupp-Hafen
Wen wundert es, dass einer der vorherrschenden Industriekonzerne des Ruhrgebiets lange Zeit auch einen eigenen Hafen am *Rhein-Herne-Kanal* hatte? Eine Werksbahn verband die weiter süd- bzw. südöstlich gelegenen Firmen-Standorte mit dem Kanal, wo sich der große Stichhafen befand.
Heute erstreckt sich am Krupp-Hafen im Stadtteil Essen-Bergeborbeck das Gewerbegebiet Econova, in unmittelbarer Nachbarschaft zum *Stadthafen Essen,* inmitten des ausgedehnten Industriegebietes.
Gegenüber vom Krupp-Hafen liegt auf der anderen Kanalseite, die schon zu Bottrop gehört, der *Hafen Bottrop.*

KulturKanal
Es war eines der Hauptprojekte im Rahmen der Veranstaltungen zum Kulturhauptstadtjahr Ruhr.2010, das von 2007 bis 2011 von den Anrainerstädten gemeinsam gestaltet wurde.
So wurde der *Rhein-Herne-Kanal* zum Austragungsort zahlreicher Kulturveranstaltungen.
Mittlerweile wird nun seit 2012 die Wasserstraße als Verbundprojekt „Erlebnispassage Rhein-Herne-Kanal“ durch die anliegenden Kommunen und die „Metropole Ruhr“ (Regionalverband Ruhr) im Rahmen des Förderprogramms „Erlebnis.NRW“ betreut und so auch zukünftig besonderer Anziehungspunkt für Kultur und Freizeit bleiben.

KunstKanal
Eine ungewöhnliche Ausstellungsfläche fanden einige Künstler aus NRW im Rahmen des spannenden Kulturhauptstadtjahres RUHR.2010, denn an fünfzehn Standorten entlang des gesamten Kanals konnten sie dem Publikum einige ihrer Bilder darbieten. Themenvorgabe war, den Betrachtern den Bezug zum Kanal und seinem Umfeld näher zu bringen. Bei einer feierlichen Vernissage am *Stadthafen Recklinghausen* wurde der KunstKanal im Juni 2010 eröffnet. Dabei sollen die Werke den *Rhein-Herne-Kanal* auch noch die nächsten 25 Jahre zum KunstKanal machen!

Künstlerzeche
Der Kulturstandort entwickelte sich in Herne auf einem Teil des Geländes der ehemaligen *Zeche Unser Fritz* in unmittelbarer Nähe zum Kanal-Nordufer. Was Mitte der 1960er-Jahre mit einem ersten Künstler begann, ist inzwischen zu einem bekannten Kunst- und Kulturzentrum geworden und findet seine Besucher u. a. über die Anbindung an die *Route der Industriekultur*.

Kurt-Schumacher-Straße
Die lange Straße verbindet die Gelsenkirchener Innenstadt mit dem Zentrum von Gelsenkirchen-Buer und überquert bei Kanalkilometer 24,5 den Kanal. Die Kurt-Schumacher Brücke wurde 1974 in vier parallel liegenden Brückenabschnitten gebaut und überspannt den Kanal mit einer Stützweite von gut 60 Metern. Namensgeber war der SPD-Politiker Kurt Schumacher (1895 - 1952).

*oben: **Ein Ausstellungsschiff am Kaisergarten in Oberhausen** / unten: **Kriminelle Fundstücke am Kanal***

KunstKanal am Nordsternpark

Ladekran verdunkelt Essen
Anfang Januar 2012 wurde es plötzlich duster in Teilen des Essener Nordens. Ein Binnenschiffer hatte mit dem Ladekran seines Schiffs ein Stromkabel gekappt und so für gut dreißig Minuten Dunkelheit gesorgt, bis RWE die Stromversorgung wieder herstellen konnte. Zeitweise war auch der *Rhein-Herne-Kanal* von der Polizei gesperrt worden.

Lambertstraße
Die kleine Straßenbrücke der Lambertstraße in Castrop-Rauxel-Becklem überwindet den Kanal bei Kilometer 44,1. Die sogenannte Becklem-Brücke wurde 1960 erbaut und ist nur 5,10 m breit. An dieser Stelle befindet sich auch eines der Sicherheitstore, die im Bedarfsfall den Kanal abschließen können.

Landschaftspark Heßler
Siehe: Nordsternpark

Länge des Kanals
Die Wasser- und Schifffahrtsverwaltung des Bundes gibt die Länge des *Rhein-Herne-Kanals* mit 45,4 km an.
Ursprünglich endete er nach 38 km an der Stadtgrenze von Herne zu Castrop-Rauxel oberhalb der *Schleuse Herne-Ost*. Dort traf er 1914 auf den *Zweigkanal* des *Dortmund-Ems-Kanals* von Henrichenburg nach Herne. 1950 wurde der Abschnitt Herne - Henrichenburg dann dem Rhein-Herne-Kanal zugeschlagen.

Langstrecken-Cup der Drachenboote
Schon mehr als 10-mal veranstaltete die Kanuabteilung des *TC Sterkrade* auf dem *Rhein-Herne-Kanal* den über 21 km gehenden Langstrecken-Cup.
Drachenbootteams kommen aus ganz Deutschland angereist, um bei diesem Klassiker mitzumachen.

Laserpistolen
Diese speziellen „Pistolen" kommen bei der *Wasserschutzpolizei* zum Einsatz, um die auf dem Kanal erlaubte *Höchstgeschwindigkeit* von 12 km/h zu überwachen. Laut WSP ist aber gerade die Berufsschifffahrt äußerst korrekt unterwegs und wird nur sehr selten bei einer Geschwindigkeitsübertretung erwischt. „Sportlicher" geht es da eher bei den Motoryachten zu.

Leere Flaschen noch und noch
Diese unerfreulichen Fundstücke bleiben leider viel zu oft am Ufer oder sogar im Wasser zurück, wenn es nach dem Baden oder Sonnen am Kanal ab nach Hause geht. Schön ist das wirklich nicht, und ein bisschen mehr Vernunft und Rücksicht wären schon wünschenswert ...

Leinpfad
Allgemeine Bezeichnung für die Uferwege an Flüssen und Kanälen; der alte Leinpfad an der Ruhr war bereits Zeuge jener Zeit, als der Fluss im 18. und 19. Jahrhundert in erster Linie Schifffahrtsstraße für den Transport von Kohle war. Insgesamt fünfzehn *Schleusen* zwischen Witten und der Mündung - erbaut zwischen 1776 und 1782 - machten den Fluss damals schiffbar. Ruhrabwärts ließ man sich vorwiegend von der Strömung treiben, auf dem Rückweg wurden dann die Ruhraaken genannten Frachtschiffe von Pferden auf dem kopfsteingepflasterten Leinpfad flussaufwärts gezogen. Ähnliches vollzog sich an anderen Flüssen wie *Lippe* und Ems.

Leitstand
Von dort aus werden die *Schleusen* am Kanal gesteuert; die Leitstände der Schleusen befinden sich in turmartigen Gebäuden, die Ähnlichkeit mit einem Flughafentower haben, und werden von Mitarbeitern des *Wasser- und Schifffahrtsamtes* bedient.

Letzte Ruhrschleuse
Die *Schleuse* am Stauwehr Duisburg ist die letzte Ruhrschleuse vor dem Rhein. Gemeinsam mit der *Schleuse Meiderich* wickelt sie den Schiffsverkehr ab, der sich vom *Rhein-Herne-Kanal* zum Rhein und vom Rhein zum Kanal bewegt.

Lippe
Nördlichster der von Osten kommenden Nebenflüsse des Rheins ist die 220 km lange Lippe. Sie entspringt in Bad Lippspringe am Fuße des Eggegebirges, erhält unterwegs Verstärkung u. a. durch die beiden großen Zuflüsse von Pader und Alme und fließt durch Orte wie Paderborn, Lippstadt, Hamm, Bergkamen, *Datteln*, Haltern am See, Marl und Dorsten, um schließlich bei Wesel in den Rhein zu münden.
Nach der Beendigung der *Lippe-Schifffahrt* fand der Fluss seine größte wirtschaftliche Aufgabe in der Speisung des westdeutschen Kanalsystems. Das Lippewasser ist Grundlage für die Schifffahrt auf den Kanälen!
Über den Datteln-Hamm-Kanal wird aus der oberen Lippe bei Hamm Wasser abgezweigt, um die Wasserhaltung im Kanal aufrecht zu erhalten, um Ausgleich zu schaffen für Versickerung und Verdunstung, aber auch um durch das Kanalsystem die Versorgung mit Brauchwasser für die unterschiedliche Nutzung (u. a. Industrie und Landwirtschaft) zu gewährleisten.
Wenn das Lippewasser einmal nicht ausreichen sollte, kann aus der Ruhr und in Ausnahmefällen dem Rhein ebenfalls Wasser für das Kanalsystem umgeleitet werden, damit die garantierte Wasserhöhe bestehen bleibt.
(Siehe auch: Wasserübergabe Hamm)

Lippe-Schifffahrt
Die Befahrung der *Lippe* geht mindestens bis in die Zeit der Römer zurück, denn sie nutzten das Lupia genannte Flüsschen, um in kleinen Holzschiffen Güter zu transportieren.
In den 1820er- und 30er-Jahren war sie dann durch Schleusenbauten von der Mündung bis nach Lippstadt schiffbar gemacht worden, und Mitte des 19. Jahrhunderts verkehrte hier eine Lippe-Dampfschifffahrtsgesellschaft. Die Bedeutung als Transportweg ließ aber durch die konkurrierende Eisenbahn und durch die Versandung der Mündung bei Wesel schnell wieder nach.

Um 1876 war der kleine Fluss bedeutungslos geworden. Für den zunehmenden Schiffsverkehr des 20. Jahrhunderts erbaute man u. a. zwei Kanäle, die parallel zur heute vielerorts renaturierten und geschützten Lippe verlaufen. (Siehe: Lippe-Seiten-Kanal)

Lippe-Seiten-Kanal
Datteln-Hamm-Kanal und Wesel-Datteln-Kanal bilden miteinander den Lippe-Seiten-Kanal. 1914 wurde zunächst das Stück von Hamm nach *Datteln* fertig. Nun konnte die Verbindung mit dem *Dortmund-Ems-Kanal* und dem im selben Jahr fertiggestellten *Rhein-Herne-Kanal* erfolgen.
Im Juni 1931 wurde das letzte Teilstück des Lippe-Seiten-Kanals auf der Strecke Wesel - Datteln fertiggestellt. Fortan bestand auf der Gesamtstrecke von 107 km von Wesel bis Hamm freie Fahrt für die Binnenschiffer. Die Wasserstraße erschloss nun auch den Norden des Reviers für Massengutfrachter.

Lippewasser in Herne und Oberhausen
Da in Hamm regelmäßig Wasser der *Lippe* abgeleitet wird, welches dann über den Datteln-Hamm-Kanal und den *Dortmund-Ems-Kanal* in den *Rhein-Herne-Kanal* gelangt, fließt in gewissem Sinne die Lippe auch durch das ganze Ruhrgebiet. Erst wenn die Lippe in Trockenzeiten mal zu wenig Wasser führt, werden vermehrt Ruhr und Rhein „angezapft", um das Kanalssystem mit der benötigten Wassermenge zu befüllen. (Siehe auch: Wasserübergabe Hamm)

Lirich
Die Gemeinde Lirich in Oberhausen breitet sich am Südufer des Kanals aus und ist u. a. bekannt durch die um-

Im ehemaligen Krupp-Hafen wird Tonerde für die Aluminiumherstellung umgeschlagen

gangssprachlich Schleuse Lirich genannte *Schleuse Oberhausen* und die Anschlussstelle Oberhausen-Lirich der A 59. Man findet diese Schleuse direkt an den Westfriedhof anliegend, der zwischen A 3 und dem *Emscherschnellweg* am Kreuz Oberhausen-West eine grüne Insel bildet. In Lirich erinnert noch heute der Concordiaplatz an die ehemalige Zeche ganz in der Nähe. (Siehe auch: Friedhof in bester Lage)

Lkw vs. Binnenschiff
Moderne Fahrzeuge können bei einer Gesamtlänge von 185 m, einer Breite von 11,40 m und einer Abladetiefe von 2,80 m bis 4500 Tonnen Ladung transportieren! Rechnet man etwa mit 30 Tonnen Fracht für einen Lkw, käme man auf eine Fahrzeugschlange von etwa 140 bis 150 Lkw - um nur ein Fahrzeug zu ersetzen!

Ludwig Galerie

Die Ludwig Galerie ist ein Kunstmuseum von Bedeutung und im *Schloss Oberhausen* zu Hause.

Zunächst als städtische Galerie gegründet, spezialisierte sich die Sammlung 1983 als Ludwig Institut auf die Kunst der DDR. Nach Umbau und Neukonzeption im Jahr 1998 gehört sie zu den renommiertesten Ausstellungshäusern im Ruhrgebiet. Grundstock der Sammlung wurden Bilder von Peter und Irene Ludwig. Darüber hinaus werden in der populären Galerie u. a. Ausstellungsstücke aus den Bereichen Plakatkunst, Comic und Fotografie gezeigt.

Die Landmarkengalerie beschäftigt sich mit dem Strukturwandel des Ruhrgebiets. Zum vielfältigen Angebot gehören auch die Artothek, in der Originalkunstwerke ausgeliehen werden können, und die Städtische Malschule, die dem Museum angeschlossen ist.

Die Ludwig Galerie in Oberhausen

LWL Industriemuseum Schiffshebewerk Henrichenburg

Im *Schleusenpark Waltrop* kann man tief in die Historie der Binnenschifffahrt eintauchen. Das Alte Hebewerk wurde 1899 von Kaiser Wilhelm II. eingeweiht und sorgte damals schon für Furore, denn es war nicht zuletzt das größte Bauwerk am gesamten *Dortmund-Ems-Kanal*. 63 Jahre lang wuchtete es Frachtschiffe bis zu 600 Tonnen Gewicht über einen Höhenunterschied von 14 m, damit z. B. die Schiffe aus dem *Rhein-Herne-Kanal* weiter nach Dortmund fahren konnten oder die aus Dortmund kommenden Frachter weiter Richtung Nordsee gelangten.

Seit 1992 dient das restaurierte Bauwerk als *Museum für Binnenschifffahrt* und präsentiert neben der Technik auch den Alltag der Schiffer. Zu sehen sind darüber hinaus historische Schiffe und ein ehemaliges Kessel- und Maschinenhaus. Von der Verbindungsbrücke zwischen den beiden Haupttürmen am *Oberwasser* gewinnt man einen ganz speziellen Eindruck von der Stahlkonstruktion und kann zudem einen herrlichen Blick in die Umgebung des Kanals genießen.

In der Sommersaison bietet sich mehrmals täglich die Möglichkeit, vom Museumskai zu einer Kanalrundfahrt aufzubrechen, und auch die anderen Personenschiffe auf dem Rhein-Herne-Kanal haben das Hebewerk als Fahrziel im Programm. Besucherinfos: LWL Industriemuseum, Schiffshebewerk Henrichenburg, Am Hebewerk 2, 45731 Waltrop; www.lwl.org; Tel. 02363 97070
(siehe auch: Museum für Binnenschifffahrt, Henrichenburg)

M-P

Marina Oberhausen am Sea Life

Mammuts am Kanal
Die Mammutknochen, die in Herne bei Bauarbeiten in unmittelbarer Nähe zum *Rhein-Herne-Kanal* im Kies des früheren Emscherbettes entdeckt wurden, sind im Archäologischen Museum der Stadt ausgestellt; ebenfalls dort zu sehen ist ein Faustkeil aus derselben Zeit, der schon 1911 bei Baggerarbeiten im Bereich der *Schleuse Herne-West* gefunden wurde. Der Faustkeil ist etwa 70.000 Jahre alt und belegt laut Museumsinformationen, dass Neandertaler an der *Emscher* gelebt haben.

Marina Oberhausen
Siehe: Heinz-Schleußer-Marina

Massenguttransport
Massengüter wie Baustoffe, Erze, Kohle und Stahl machen 70 Prozent der durch die Binnenschifffahrt transportierten Gütermenge aus. In diesem Bereich ist der Transport über das Wasser absolut konkurrenzfähig.
Ein Schubschiff mit sechs angekoppelten sogenannten Schubleichtern kann bis zu 17.000 Tonnen auf einen Schlag transportieren! (Siehe auch: Schiffsgefäße)

Mehr Power - mehr Lademenge
Mit dem Fortschreiten der technischen Entwicklung, aber auch um wirtschaftlicher handeln zu können, setzte man in den 1960er-Jahren auf immer größere, selbstfahrende Schiffe mit einer Länge von 110 m und auf Schubverbände, die fast an die 200-Meter-Marke heranreichten.
Dafür allerdings waren zunächst weder die *Schleusen*, noch die Kanalkurven des *Rhein-Herne-Kanals* ausgelegt, so dass umfangreiche Erneuerungs- und

In der Marina Oberhausen

Ausbauarbeiten nötig wurden.
Von Mitte der 1970er-Jahre an begann ein umfangreiches Ausbauprogramm. Inzwischen haben die Schleusen eine Länge von 190 m und eine Breite von 12 m und können die neuen leistungsfähigen Schiffe ohne Probleme schleusen. Abschluss des Ausbaus wird die geplante Verbreiterung der letzten Kanalkilometer sein.

Meidericher Kanu-Club
Der I. Meidericher Kanu-Club wurde 1921 in Duisburg unter dem damaligen Namen „Meidericher Paddelfreunde" gegründet, die das Segeln und Paddeln aktiv betreiben wollten. Man fand in einem verlassenen Holzhaus im Kaiserhafen eine Bootsunterkunft und einen Bastelraum, denn nicht selten wurden damals die Faltboote aus Holz und Segeltuch noch selbst hergestellt.
1927 gingen auch die „Meidericher Wanderpaddler" im I. Meidericher Kanu-Club auf, der am Kaiserhafen trotz Wirtschaftskrise ein größeres Bootshaus bauen konnte.
Nach dem Einschnitt durch den Zweiten Weltkrieg dauerte es einige Zeit, bis man wieder an den Sport denken konnte, denn auch Bootshaus und Boote waren weitestgehend zerstört.
1949 wurde auf einem Grundstück bei Kanalkilometer 2,4 am *Rhein-Herne-Kanal* mit dem Bau eines neuen Bootshauses und Vereinsheims begonnen, das 1951 feierlich eingeweiht werden konnte. Seitdem herrscht reges Treiben an der Emmericher Straße 245, an der das immer weiter ausgebaute Vereinsdomizil mit großem Spielplatz idyllisch im Grünen liegt.
Neben fröhlichen Wanderfahrten sind die Meidericher sehr erfolgreich im Bereich Kanurennsport und Kanu-Polo.

Mercatorinsel
Im *Ruhrorter Hafen* ist an der Spitze der ehemaligen *Speditionsinsel* - einer teilweise brachliegenden Fläche für Schüttgüter, die sich zwischen dem Vinckekanal und dem *Hafenkanal* erstreckt - seit 2010 eine Parkanlage entstanden. Der Hafenkanal ist hier in Duisburg die Fortsetzung des *Rhein-Herne-Kanals* bis zum Rhein.
Nach einem internationalen Wettbewerb entwarfen Landschaftsplaner und Architekten ein Erholungsareal, das gleichzeitig ein Ort der Kultur werden sollte. Namensgeber ist der berühmte Duisburger Kartograph und Gelehrte Gerhard Kremer, lateinisiert Mercator, dessen 500. Geburtstag die Stadt im Eröffnungsjahr 2012 feierte. Die Mercatorinsel ist ein weiteres Beispiel der sich wandelnden Industrielandschaft rechts und links des Rhein-Herne-Kanals und des gesamten Ruhrgebiets - und ein weiterer Schritt auf dem Weg, die Lebensqualität der Menschen im einstigen Kohlenpott zu verbessern.

Minenräumboot versenkt Apfelkuchen
Im Krieg waren auch auf dem *Rhein-Herne-Kanal* Minenräumboote eingesetzt. So kam es im April 1941 auf dem letzten Kanalabschnitt in Castrop-Rauxel bei einem Zusammentreffen mit mehreren Booten des *Rudervereins Rauxel* fast zur Katastrophe. Wahrscheinlich in Unkenntnis, welche Auswirkungen der Wellenschlag ihres Minenräumbootes in diesem mit Spundwänden verkleideten Kanalabschnitt haben würde, beschleunigte die Besatzung noch, als sie die Rudergruppe kommen sah. Die Wellen waren so heftig und schlugen von den Spundwänden zudem immer wieder zurück, dass alle Manöver

nichts halfen, ein Mädchen-Vierer mit Wasser vollief und unterging.
Damit nicht genug, gestand eines der Mädchen erst im eiskalten Wasser liegend eine große „Wassersportler-Sünde“: sie konnte nicht schwimmen! Mit vereinten Kräften und den zu Hilfe geeilten anderen Ruderbootsbesatzungen konnte man sowohl die Nichtschwimmerin als auch das Boot retten.
Nur der mitgenommene Apfelkuchen blieb ein Opfer der Wellen - in Kriegszeiten ein herber Verlust. Nachdem man die schlotternde Mannschaft mit trockenen Sachen versorgt hatte, setzte sie sogar ihre Fahrt zu einer Jubiläumsfeier bei einem befreundeten Ruderclub fort - und übergab wie geplant den mitgebrachten Blumenstrauß, auch wenn er durch den Aufenthalt im Wasser etwas ramponiert war.

Mit Eisenbooten über die Böschung
Um mit den damals empfindlichen Paddelbooten, die früher noch Faltboote, also stoffbespannte Holzgerüste, waren, unbeschadet die in jener Zeit fünf Meter hohe und teils recht steile Kanalböschung herunterrutschen zu können, bauten sich manche Paddelvereine so etwas wie ein Metallboot, mit dem ihre Paddelboote wie in einer Art Schräglift zur Wasserlinie gelangen konnten. Durch die aufkommenden Kunststoffboote und die Verspundung der Kanalufer wurde diese Vorsichtsmaßnahme später überflüssig.

MS Kettwig
Von den Schiffen der *Weißen Flotte Baldeney* ist es überwiegend die MS Kettwig, die für die Fahrten auf dem *Rhein-Herne-Kanal* eingesetzt wird.
Dafür verlässt sie ihren Heimathafen am Baldeneysee und liegt stattdessen

Der I. Meidericher Kanu-Club hat seine Vereinsanlage am Rhein-Herne-Kanal

an der Außenstelle am *Essener Stadthafen*. Das Schiff wurde 1970 gebaut, hat 150 PS und kann damit bis zu 18 km/h schnell fahren. Ein sogenannter Schottelantrieb lässt sich um 360 Grad drehen, was die MS Kettwig sehr wendig macht. 30 m lang und 5,20 m breit, finden bis zu 200 Personen auf dem unteren und dem oberen Salon sowie dem Freideck Platz.
Die MS Kettwig mit ihrer Zwei-Mann-Besatzung (einem Schiffsführer und einem Matrosen, der jedoch gleichzeitig auch das Schiffsführerpatent hat) sieht man regelmäßig mittwochs, samstags und sonntags sowie an Feiertagen zwischen dem *Nordsternpark* und dem *Kaisergarten* pendeln. Mehrmals im Monat bricht sie auch zur sogenannten *Fünf-Schleusen-Fahrt* auf.
Beim Groß-Event der *ExtraSchicht* be-

kommt sie dann Unterstützung durch ihre Schwesterschiffe MS Baldeney und MS Heisingen.

Müllberge, hoch wie Halden
Viel Müll bleibt leider oft genug am Ufer des Kanals zurück, wenn lange nach Sonnenuntergang auch die letzten Badelustigen verschwunden sind und manch schwelendes Grillfeuer die Umgebung weiter vernebelt. Häufig landet außerdem ein gehöriger Teil des mitgebrachten Picknicks in Form von leeren Flaschen, Dosen und Plastikverpackungen im Kanalwasser. So geht es Sommertag für Sommertag, und am Ende der Badesaison türmen sich mitunter gewaltige Berge von Müll am Ufer - hier wäre ein Umdenken dringend erforderlich, um sich und anderen den Sommerspaß nicht zu verderben!

Münsterstraße
Als B 227 quert sie in Gelsenkirchen den Kanal bei Kilometer 27,2. So kreuzt die Straße unweit der *ZOOM Erlebniswelt* den Wasserweg und wenige Meter weiter auch die *Emscher*, bevor sie (nun nicht mehr als Bundesstraße) durch das Waldgebiet in der Resser Mark Richtung Norden weiterzieht.

Museum für Binnenschifffahrt, Henrichenburg
Im Binnenschifffahrtsmuseum am *Schleusenpark Waltrop* werden neben den technischen Aspekten der Hebewerksanlagen auch Ausstellungen über das Leben der Binnenschiffer, die Bedeutung der Kanäle für die Wirtschaft und die Arbeitsbedingungen beim Kanalbau im vorletzten Jahrhundert gezeigt, z. B. am Museumshafen „Oberwasser" oder auf dem Motorgüterschiff „Franz-Christian" erlebbar, und es beeindruckt nicht zuletzt durch die historische Schleusen- und Hebewerk-Architektur.
Besucherinfos: LWL Industriemuseum, Schiffshebewerk Henrichenburg; www.lwl.org; Tel. 02363 97070. (Siehe auch: LWL Industriemuseum Schiffshebewerk Henrichenburg)

Museum der Deutschen Binnenschifffahrt
In Rheinnähe in Duisburg-Ruhrort gelegenes Museum, das doch unmittelbar mit der Geschichte der Kanäle in Verbindung steht. Das Museum wurde 1974 gegründet und zeigte an zunächst wechselnden Standorten die historische, wirtschaftliche und soziale Entwicklung der Binnenschifffahrt sowie die technische Entwicklung des Schiffs- und Bootsbaus. Seit 1998 hat das Museum seine Heimat im ehemaligen Ruhrorter Hallenbad gefunden. Neben vielen anderen Schaustücken steht nun im früheren Herrenbecken ein ausgewachsener Segel-Lastkahn aus dem Jahr 1913 zur Besichtigung freigegeben, und in der einstigen Damenschwimmhalle ist der Nachbau eines Binnenschiffs zu bewundern.
Auch ein original Seitenradschleppdampfer und ein Eimerkettendampfer gehören zum Museum, sind aber unter freiem Himmel in der Nähe der Schifferbörse am Hafenmund des *Ruhrorter Hafens* zu finden. Das Museum der Deutschen Binnenschifffahrt ist *Teil der Route der Industriekultur*.
(www.binnenschifffahrtsmuseum.de)

Museumshafen „Oberwasser"
Er gehört zum *Museum für Binnenschifffahrt*, dem *LWL Industriemuseum Schiffshebewerk Henrichenburg* im *Schleusenpark Waltrop*.
(Siehe auch: Vorhafen des...)

N

Nachtflohmarkt
Im September 2010 wurde auf der *Wartburginsel* der erste Castrop-Rauxeler Nachtflohmarkt veranstaltet.
Beim Schein von Hunderten von Kerzen konnten Schnäppchenjäger im Bereich der *„Inselterrassen“* an den Ständen stöbern, oder man flanierte einfach in dem romantischen Ambiente ein Stück am Kanal entlang.

Neptun-Taufe
Ein Ritual, mit dem die jungen Mitglieder des *Meidericher Kanu-Clubs* in den Verein aufgenommen werden.
2013 erstmals durchgeführt, wird die Aufnahmezeremonie wegen des großen Anklangs, den die Feier findet, künftig weitergeführt.

Neue Brücken
Die verstärkte Nutzung des Kanals und seines Umfelds für die Freizeit hat zu Brückenneubauten geführt, um den Spaziergängern und Radfahrern die Ufergebiete mit ihren anliegenden Freizeiteinrichtungen und Sehenswürdigkeiten besser zu erschließen und auch die durchgehende Nutzung als Rad- und Fernwanderwege möglich zu machen. So entstanden z. B. die *Slinky Springs Brücke*, die *Tausendfüßlerbrücke*, die *Grimberger Sichel* oder auch die *Fußgängerbrücke am Nordsternpark*.

Neue Mitte Oberhausen
Durch den Niedergang der Stahl- und Kohleindustrie wurden in den 1980er-Jahren mitten in Oberhausen große Flächen frei. Für die einstige „industrielle Mitte“ Oberhausens, die die nördlich anschließenden Stadtzentren von Sterkrade und Osterfeld von Alt-Oberhausen im Süden trennte, kam endgültig das Aus. Ein städtebauliches Konzept musste her, das die Stadt unter dem Schlagwort „Neue Mitte Oberhausen“ entwickelte. Auf dem riesigen ehemaligen Thyssener Industriegelände ließen britische Investoren auf einer Fläche von fast 100 Hektar das *CentrO* errichten, das als Kernprojekt der Neuen Mitte 1996 eröffnet wurde. Jährlich bis zu 23 Mio. Besucher tummeln sich in Europas größtem Freizeit- und Einkaufsparadies unweit des *Rhein-Herne-Kanals*, und noch ist der Neugestaltungsprozess der Neuen Mitte längst nicht abgeschlossen.

Neues Leben im alten Lokschuppen
Die *Rudergemeinschaft Bottrop* hat ihr Vereinsheim in einem kleinen Gewerbegebiet in der Nähe der Prosperstraßen-Brücke (bzw. Essener Straße) gefunden (Am Rhein-Herne-Kanal 13). Aber wie so häufig im Revier ist es dort weitaus idyllischer, als man auf den

ersten Blick vermuten mag. Das Gelände liegt von Bäumen umgeben inmitten einer beschaulichen Naturoase.
Das Bootshaus selbst war zuvor ein alter Lokschuppen, etwa aus dem Jahr 1850. Man hat sich dort gut eingerichtet, hat eine Werkstatt, sogar ein Ruderbecken und was es sonst noch alles braucht. Die Ruderer aus Bottrop sind zufrieden mit ihrem Ruderrevier auf dem Kanal: schöne gerade Strecken, kaum Wellen und nur geringe Berufsschifffahrt. Erneut ein Beispiel dafür, wie alte Industriestandorte Möglichkeiten für neues Leben bieten.

Neujahrsanschwimmen
Früher gehörte es zur Tradition der Oberhausener DLRG-Schwimmer, das neue Jahr „anzuschwimmen". Da man sowieso seine ganze Freizeit am Vereinsheim verbrachte, mitunter seinen Urlaub dort verlebte und sich darüber hinaus zu allen möglichen Festivitäten traf, wurde auch die Sylvesternacht dort gefeiert. Kaum hatte das neue Jahr begonnen, wurde dann das erste Bad im Kanal genommen - angeblich ohne Rücksicht auf evtl. vorbeischwimmende Eisschollen!

Niedergang
Jahrzehntelang profitierte die Schifffahrt auf dem *Rhein-Herne-Kanal* von der guten Situation der Montanindustrie. Seit den 1960er-Jahren hat die wirtschaftliche Bedeutung des Kanals im Zusammenhang mit dem Niedergang der Kohle- und dann auch der Stahlindustrie deutlich nachgelassen. Die Umschlagquoten vieler Häfen sanken drastisch, und inzwischen sind viele sogar ganz stillgelegt. Im Zuge der Zunahme der Freizeitschifffahrt werden einige dieser Häfen nun als Sportboot-

Das Personenmotorschiff „Nepumuk" am Stadthafen Gelsenkirchen

häfen genutzt und bringen so maritimes Flair in den einstigen Kohlenpott.

Nordsternbrücke
Die sogenannten Nordsternbrücken bestehen aus zwei parallel liegenden Straßenbrücken (für jede Fahrtrichtung eine) bei Kanalkilometer 22. Auch bekannt als Grothusstraßen-Brücke verbindet sie dabei die Gelsenkirchener Stadtteile Heßler (südlich) und Horst (nördlich) im Landschaftspark Nordstern miteinander.

Nordsternpark
Auf ihrem gemeinsamen Weg gen Westen ziehen *Emscher* und *Rhein-Herne-Kanal* auch durch den Landschaftspark auf dem Gelände der früheren Zeche Nordstern in Gelsenkirchen, wo sich die Stadtteile Horst und Heßler treffen.
Bei ihrer Gründung 1858 war die ehe-

malige Zeche Nordstern noch das nördlichste Bergwerk des Ruhrgebiets (daher die Namensgebung), während sie bei ihrer Stillegung 1993 das südlichste bis dahin noch betriebene Bergwerk war. Danach wurde das Betriebsgelände von Grund auf saniert und umgestaltet.
1997 konnte die Bundesgartenschau auf der ca. 100 Hektar großen Industriebrache eröffnet werden - es war das erste Mal, dass für die BUGA ein ehemaliges Industriegebiet genutzt wurde. Entstanden ist ein moderner Landschaftspark, der auch Arbeits- und Wohnwelten mit der Erlebniseinheit von Natur, Industriegeschichte und Kunst verbindet. Mehrere Halden, zwei Fördertürme, der Kohlenbunker, die Kohlenmischanlage und der historisch wertvolle hölzerne Kühlturm der alten Zeche sind zudem erhalten geblieben. Und Bergbaugeschichte wird hautnah erfahrbar, wenn man in die 63 Meter lange Demonstrationsstrecke hinunterkommt, die Auszubildende der Zeche Hugo/Consolidation fünf Meter unter dem Gelände errichtet haben.
Im Landschaftspark Nordstern gibt es darüber hinaus u. a. einen sehr beliebten Wasserspielplatz, eine künstliche Kletteranlage mit bis zu 18 m hohen Kletterwänden und das *Amphitheater* Gelsenkirchen.
Eine Anlegestelle der Kanal-Schifffahrt liegt unmittelbar am Gelände. Und in der renovierten Waschkaue der ehemaligen Zeche fährt der „Deutschland-Express“, eine der größten computergesteuerten Modelleisenbahnen der Welt.
(Siehe auch: Herkules mit Kanalblick)

oben: ***Die Kletteranlage im Nordsternpark***
unten: ***Neptun-Taufe im I. Meidericher Kanu-Club***

Zechenambiente im Nordsternpark - gekrönt vom Herkules

Am Kanalufer im Nordsternpark

Der Rhein-Herne-Kanal verläuft mitten durch den Nordsternpark - zu den Highlights dort gehört auch die Brücke, die beide Seiten der Anlage verbindet.

Auf einer 400 m langen Mauer am ehem. Kohlehafen der Zeche Nordstern wird vor allem Jugendlichen eine Plattform für ihre Graffitikunst geboten.

O

Oberhausener Kanu-Verein

Schon 1928 gründete sich der Oberhausener Club und ist somit einer der ältesten Kanu-Vereine der Stadt.
Sein Vereinsheim mit Bootshalle steht bei Kanalkilometer 8,2 an der Lindnerstraße in prominenter Gesellschaft mit dem gegenüberliegenden *Kaisergarten* und dem bekannten Niederrhein Stadion gleich nebenan. Hat man die ersten Paddelschläge auf der Hausstrecke am Kanal eingeübt, finden sich im Jahresprogramm reichlich Ziele zum Praktizieren des abwechslungsreichen Wassersports. Besonders aber Familien- und Wanderfahrten werden im Kanu-Verein groß geschrieben.

Oberwasser und Unterwasser

Von Oberwasser und Unterwasser spricht man u. a. an Wehren, an Wasserkraftwerken oder auch an *Schleusen* - eben immer dann, wenn beiderseits des Bauwerks Wasser auf unterschiedlichem Niveau zu finden ist. Durch Stauungen entsteht zwischen beiden Wasserständen dieser Höhenunterschied, der fachsprachlich als *Fallhöhe* bezeichnet wird.
„Jetzt hast du wieder Oberwasser!" (meint: Nun fühlst du dich wieder stark) hat es aber auch jenseits der Fachsprache in die alltägliche Umgangssprache geschafft.

Ohne Tacho

Einen Tacho sucht man in den Führerständen der Frachtschiffe vergeblich. Die Kapitäne müssen die gefahrene Geschwindigkeit allein mit Hilfe des Drehzahlmessers erschließen - was für erfahrene Schiffsführer aber überhaupt kein Problem ist.
Wer dabei noch nicht so sicher ist, muss dann noch ab und zu die Stoppuhr zur Hand nehmen und eine bestimmte gefahrene Strecke messen, um daraus die Geschwindigkeit zu errechnen. Heute gibt es auch Computerprogramme, die dabei helfen.
Laut *Wasserschutzpolizei* haben das die Berufsschiffer allerdings „ziemlich gut drauf", und die allermeisten halten sich an die *Höchstgeschwindigkeit*.
Bei Kontrollen mit der *Laserpistole* ist von zehn gemessenen Schiffen maximal eines, meist aber gar keines zu schnell.

Ölhafen König Wilhelm

Der Ölverladehafen in Essen-Dellwig liegt unweit der Brücke der *Bottroper Straße* an der Kanalsüdseite und beginnt bei Kanalkilometer 14,35.
Der frühere Christian-Levin-Hafen gehört heute zu einer Bremerhavener Firma, die Pflanzenöl herstellt und vertreibt. Südlich des Hafens schließt sich ein großes Tanklager an.

Ölinsel
Die Insel gehört zum *Duisburger Hafen*, liegt in einer Reihe mit der *Kohlen-* und der Schrottinsel und befindet sich am Becken A, nur ein Stück westlich der Stelle, wo der *Rhein-Herne-Kanal* in den Hafenbereich vordringt und zum *Hafenkanal* wird.

Olympioniken auf dem Kanal
Von den Ruder- und Kanuclubs, die sich in den 1920er-Jahren verstärkt am *Rhein-Herne-Kanal* niederließen, gingen immer wieder spätere Olympiateilnehmer, ja sogar -sieger hervor. Ein Beispiel ist Paul Lange vom *TC Sterkrade*, der neben einem Weltmeistertitel 1960 olympisches Gold in der Kanustaffel und Bronze im Kanuzweier holte.
Auch Gelsenkirchener Ruderer waren u. a. erfolgreich: 1960 wurde ihr Doppelzweier mit Steuermann Olympiasieger, und 1988 saß einer ihrer Ruderer im Gold-Achter bei den Olympischen Spielen in Seoul. Erfolgreiche Sportler stellten ebenfalls der *Ruderverein Rauxel* und die Kollegen vom *Ruderverein Emscher*.

„Ostara"
Name eines alten Schleppkahns, der zum Bestand des Industriemuseums „Schiffshebewerk Henrichenburg" gehört.
Im Jubiläumsjahr 2014 des *Rhein-Herne-Kanals* wird der umgebaute Frachtkahn mit seinem markanten Schornstein als schwimmender Ausstellungsraum genutzt, der sowohl vor Ort am Hebewerk als auch an verschiedenen Stellen des Kanals vor Anker geht. Er hält Schaustücke aus dem ganzen Spektrum der Kanalgeschichte bereit: fossile Fundstücke aus der Zeit des Kanalbaus, Gebrauchsgegenstände aus dem Alltag der Binnenschiffer, aber auch „neuzeitliche Dinge wie alte Tresore, die von der *Wasserschutzpolizei* vom Kanalgrund geborgen wurden.

Am Clubhaus des Oberhausener Kanu-Vereins gegenüber des Kaisergartens

Ostbach
Ein kleiner Bach, der aus der sogenannten Hiltroper Heide in Bochum-Gerthe kommt, zunächst fast naturbelassen am Gysenberger Wald vorbei Richtung Herne-Zentrum fließt, um dann kanalisiert und unterirdisch bis kurz vor den *Rhein-Herne-Kanal* geleitet zu werden. Dort teilt er sich, unterquert an zwei *Dükern* den Kanal und mündet anschließend in die *Emscher*.

Osterfelder Straße
Sie quert bei Kanalkilometer 10,8 zwischen *Marina Oberhausen* und dem *Gehölzgarten Ripshorst* den *Rhein-Herne-Kanal*.

Paddelnde Kumpel
Der *Kanu-Club-Recklinghausen II* hat seinen Namen von der früheren Zeche Recklinghausen II.
Die damaligen Kumpel waren Vorreiter des heutigen Vereins, der seit mehr als 35 Jahren besteht und rund 60 Mitglieder hat. Im Club scheint alles ganz beschaulich zuzugehen; so sitzt man auch gerne schon mal unter Bäumen am Wasser und tauscht sich über alles Mögliche aus.

Panzerschrank im Kanal
Im Sommer 2013 bargen Taucher der Feuerwehr in der Nähe des *Hafens Grimberg* einen ungewöhnlichen Fund aus dem Kanal. Ein verschlossener Tresor wurde mit Hilfe eines Spezialballons an die Oberfläche gebracht.
Im Panzerschrank befanden sich u. a. Schmuckschatullen, leere Geldbörsen, ein Messer und Munition. Ob der Fund mit einem Verbrechen in Verbindung stand, war zunächst noch unklar.
Ungewöhnlich klar hingegen war das Kanalwasser, da in dieser Zeit durch einen Streik im *Wasser- und Schifffahrtsamt* der Schiffsverkehr ruhte und sich die sonst aufgewirbelten Sedimente hatten setzen können.

Paraxylol im Wasser
Aus einem Tankschiff gelangten Anfang November 2013 im Bereich der Schleuse *Lirich* (*Schleuse Oberhausen*) geringe Mengen von diesem Lösungsmittel in den Kanal, bevor die Feuerwehr Oberhausen Schlimmeres verhindern konnte. Es wurden Absperrmaßnahmen getroffen und die eingedämmte Menge des Lösungsmittels aus dem Wasser geholt. Eine Gefahr für die Natur am Kanal oder gar für Menschen soll nicht bestanden haben.

P

Per „Anhalter“ übers Kanalwasser
Als in den 1950er- und 1960er-Jahren auf dem Kanal noch überwiegend Schleppverbände unterwegs waren, war es ein beliebter Zeitvertreib der Jugend, die Kähne anzuschwimmen, an Bord zu klettern und sich - hoffentlich unter freundlicher Duldung der Besatzung - bis zur nächsten Schleuse mitnehmen zu lassen. Dort „enterte“ man dann ein Schiff in Gegenrichtung und tuckerte wieder zurück.

Personenschifffahrt
Möchte man eine Ausflugsfahrt auf dem *Rhein-Herne-Kanal* unternehmen, so hat man die Auswahl. Es gibt Kurzstreckenfahrten z. B. zwischen *Kaisergarten* und *Nordsternpark*, aber auch mehrstündige Kreuzfahrten mit Schleusennutzung. Auch in Kombination mit einer Rundfahrt durch den *Duisburger Hafen* ist eine Kanalfahrt möglich. Wie

auch immer, es ist auf jeden Fall ein schönes Erlebnis. (Siehe auch: „Pirat in Sicht!“, Santa Monika, Ausflugsschiff „Friedrich der Große“ oder Weiße Flotte Baldeney)

„Petri Heil!“
Für Angler ist der *Rhein-Herne-Kanal* ein interessantes Revier. Neben den reichlich vorkommenden Friedfischen wie Rotaugen, Brassen und Rotfedern lassen sich auch Karpfen, Aale und Zander angeln. Hechte gibt es ebenfalls, sie zu fangen ist aber nicht so einfach. Bevor es dann losgehen kann, müssen auf jeden Fall ein Fischereischein und eine Tageskarte besorgt werden. Nähere Infos erteilen u. a. die Angelsportvereine.

Petrijünger in der Künstlerzeche
Auch im Kleinen wird Strukturwandel deutlich. Der *Angelsportverein Blitzkuhle Wanne-Eickel* pachtete z. B. Mitte der 1980er-Jahre sein Vereinsgelände am Kanal noch von der Ruhrkohle AG (RAG), baute sein Vereinsheim und konnte 2003 das Gelände erwerben.
Hieß die Adresse im Stadtteil *Unser Fritz* früher Alleestraße, wurde die Straße 2012 in Zur Künstlerzeche umbenannt, da sich ganz in der Nähe in der ehemaligen *Zeche Unser Fritz* inzwischen Kunst und Kultur angesiedelt haben.
Und weil dies den Standort attraktiv macht, will die Stadt dem natürlich auch im Straßennamen Rechnung tragen.

„Phantomschleusen“
Die im Kanalverlauf dritte Schleuse in Essen-Dellwig sucht man inzwischen in den Karten vergeblich. Man findet noch die Schleusen mit den Nummern I und II und dann gleich Nummer IV, aber von III ist keine Spur mehr da. Was man zunächst vielleicht als Fehler im Kartenwerk vermutet, hat eine ganz handfeste Erklärung: die Schleuse gibt es tatsächlich nicht mehr, nur hat man danach die Nummerierung aller folgenden Schleusenbauwerke nicht geändert, sondern die III einfach wegfallen lassen. Die *Schleuse Essen-Dellwig* wurde überflüssig, weil sich durch *Bergsenkungen* der Grund so weit abgesenkt hatte, dass es gar kein größeres Gefälle mehr gab.
Ähnliches ist an der *Schleuse Herne-West* passiert, auch sie gibt es nicht mehr, auch ihre Nummer V sucht man vergeblich.

„Pirat in Sicht!“
Kein Grund zur Panik - mit diesem Ausruf wird wahrscheinlich nur das näher kommende *Fahrgastschiff „Pirat“* gemeint sein, das vom *Hafen Grimberg* sonntags und feiertags auf „Kaperfahrt“ geht bzw. zu gebuchten Fahrten oder Sonderfahrten aufbricht.

Pontwert
Langgestreckte, schmale Insel zwischen der Ruhr mit der *Ruhrschleuse*, die Pontwert im Süden begrenzt, und dem *Hafenkanal* (bzw. *Rhein-Herne-Kanal*) im Norden. Die kleine Landzunge reicht mit ihrer westlichen Spitze bis zum Rhein hinüber. Auf Pontwert gibt es eine Straße, die früher lediglich ein geschotterter Weg der Hafenverwaltung war, aber sehr beliebt, weil die kürzeste Verbindung zwischen Duisburg und Meiderich bzw. Oberhausen.
1971 wechselte die Straße den Namen von Am Hafenkanal zu Pontwert. - „Wert“ bedeutet soviel wie Halbinsel oder Insel, und als Ponte wurde ein Fährschiff bezeichnet. So ist die Pontwert als Halbinsel für das Anlegen ei-

Damals ... Das Ausflugsschiff „Pirat“, Baujahr 1904.

... der „Pirat“ heute, unterwegs auf dem Rhein-Herne-Kanal.

ner Fähre zu verstehen, die es hier im 18. Jahrhundert von Duisburger Seite aus auch tatsächlich gegeben hat.

Prosperstraße

Die Straße mit ihrer Brücke über den *Rhein-Herne-Kanal* gibt es in Essen-Dellwig bei Kanalkilometer 14.

Die 1954 gebaute Brücke überspannt mit einer Stützweite von 61 Metern den Kanal. Hinter dem Kanal heißt sie sofort Essener Straße und verläuft nun auf Bottroper Stadtgebiet.

Pumpwerke

In den Jahren 1958 bis 1965 wurde am *Rhein-Herne-Kanal* eine eigene Kette von Pumpwerken errichtet, um den Wasserverlust durch die Schleusung der Schifffahrt möglichst gering zu halten. So bekam jede Kanalstufe eigene Rückpumpen, und der Kanal hat damit sozusagen sein eigenes Wasser zur Verfügung.

Die gesamte Wasserversorgung der westdeutschen Kanäle wird seit 1984 durch die *Fernsteuerungszentrale* in *Datteln* geregelt. Nur die *Schleuse Meiderich* am *Ruhrorter Hafen* hat kein eigenes Pumpwerk. Ihr Wasser wird durch die Pumpen am Hafenbecken C zurückgepumpt.

Der letzte Provianter
Zu einer Zeit, als es noch nicht üblich war, das eigene Auto - wenn überhaupt vorhanden - mit an Bord zu nehmen und die Wege zum nächsten Kaufmann also noch weit waren, fuhr regelmäßig ein sogenannter Provianter den Kanal entlang und versorgte die Schifferfamilien mit allem, was gebraucht wurde. Ein richtiger „Tante Emma Laden" auf dem Wasser, sogar mit Funkverbindung zu den Kunden - falls es mal etwas Besonderes sein sollte. Inzwischen hat das Proviantboot „Sirene" seinen Betrieb längst eingestellt.

Q-T

Querende Bäche hin zur Emscher

Von Nordost nach Südwest unterqueren die folgenden mehr oder weniger großen Gewässer den Kanal, um in die Emscher zu münden.

Zunächst ist es aber die *Emscher* selbst (in Castrop-Rauxel), die den *Rhein-Herne-Kanal* kreuzt, dann folgen Landwehrbach (nähe *Schleuse Herne-Ost*), *Ostbach* (bei *Schloss Strünkede*), Schmiedesbach (in Herne-Crange), Hüller Bach (Nähe *ZOOM Erlebniswelt*), Schwarzbach (in Essen-Karnap), Berne (in Essen-Ebel) und Läppkes Mühlenbach (am *Gehölzgarten Ripshorst* in Oberhausen).

Am Schloss Strünkede: Der Ostbach speist den Wassergraben des Schlosses.

R

Rhein-Herne-Kanal heute: Raum für Naherholung und Erlebnis mit zahlreichen Freizeitangeboten.

Rauxeler Rudertag
Seit dem Jahr 2008 gibt es diese Veranstaltung auf dem *Rhein-Herne-Kanal* in Castrop-Rauxel. Laien-Ruderer aus Betrieben, Büros oder Familien finden sich in Fünfer-Gruppen zusammen, werden von erfahrenen Ruderern einige Tage unterwiesen und treten in einer Regatta gegeneinander an. Trotz eines Siegerpokals steht der Spaß im Vordergrund, wenn z. B. „Buchungselfen" aus einem Steuerberaterbüro und die „Eisenbieger" einer Stahlbaufirma die Ruder in die mehr oder weniger zarten Hände nehmen. Eine schöne Gelegenheit, den Rudersport und den Kanal zu beleben.

Rechts oder links herum zum Rhein
Nähert man sich auf dem *Rhein-Herne-Kanal* dem Rhein, kann der Schiffsführer wählen, ob er durch die *Schleuse Meiderich* und den *Duisburger Hafen* zum großen Strom kommt oder links abbiegt und die letzten paar Kilometer die Ruhr inklusive *Ruhrschleuse* nutzt.

Recklinghauser Straße
Die Recklinghauser Straße kommt von der nahen Autobahn 42 (Anschlussstelle Herne-Wanne), quert bei Kilometer 30,3 nördlich von Herne-Wanne unweit des ehemaligen *Hafens Wanne-West* den Kanal, heißt wenig später (nach Überquerung der *Emscher*) in Herten Ewaldstraße und zieht am Fuße der *Halde Hoppenbruch* und am Waldfriedhof Wanne-Eickel vorbei durch den bewaldeten Emscherbruch.

Reise ins Mittelalter
Zu einer besonderen Tour entlang des Kanals aufbrechen könnte man, wenn man z. B. den Spuren des Mittelalters folgt: So warten *Burg Vondern* in Ober-

hausen, *Schloss Grimberg* und *Haus Crange* in Herne, *Schloss Bladenhorst*, Haus Vörde und die Henrichenburg in Castrop-Rauxel mit ihrer Geschichte auf interessierte Kanal-Besucher.

Rhein-Herne-Kanal - damals

1906 bis 1914 erbaut, stellte der bei seiner Fertigstellung 38 km messende Kanal die so wichtige Verbindung zwischen dem *Duisburger Hafen* und dem *Dortmund-Ems-Kanal* her und zählte lange zu den meistbefahrenen Wasserstraßen Europas. Beim Ruhrorter Hafen beginnend, zog (und zieht) der inzwischen 100-jährige Kanal mit seiner heute 45,6 km langen Fahrrinne im Norden von Oberhausen, Altenessen und Gelsenkirchen vorbei nach Herne, um dort in den (damaligen) *Stichkanal* des 1899 fertiggestellten Dortmund-Ems-Kanals überzuleiten (nach 1950 fiel der Stichkanal dann dem Rhein-Herne-Kanal zu und machte ihn knapp 8 km länger).

In weiten Teilen folgte der von Menschenhand geschaffene Wasserweg dem Tal der *Emscher*.

Dabei überwanden die Schiffe den etwa 38 m hohen Aufstieg vom Mittelwasser des Rheins bei *Ruhrort* bis zur höchsten Stelle bei Herne mit zunächst sieben Schleusen (heute sind es nur noch fünf). Mit einer Tiefe von 3,5 m und einer Sohlenbreite von 15 m war der Kanal damals bei seiner Fertigstellung für Schiffe bis zu 1000 Tonnen Gewicht befahrbar. Er war vornehmlich ein Schifffahrtsweg für Kohle-, Erz- und Stahltransporte und besaß in dieser Funktion die Bedeutung der verkehrsreichsten künstlichen Wasserstraße in Europa. Eine Vielzahl von Zechen und Industriehäfen reihten sich an beiden Ufern auf. Die Häfen waren meist im Besitz von Industrieunternehmen,

1954 - Die neugegründeten „Freien Kanufahrer Rauxel" an ihrem Vereinsgelände.

die sich aufgrund der guten Schifffahrtsverbindungen zur Nordsee, nach Süddeutschland und Holland im Herzen des Kohlereviers angesiedelt hatten.

Der Wanner Hafen bei Herne galt in jener Zeit als der größte Hafen des Kanals. Am 1. Dezember 1914 wurde das letzte Teilstück des Rhein-Herne-Kanals dem Verkehr übergeben. In jenem Jahr konnte außerdem der erste Abschnitt des *Lippe-Seiten-Kanals*, auch Datteln-Hamm-Kanal genannt, für die Schifffahrt freigegeben werden.

Er durchquert nach wie vor den östlichen Teil des Ruhrgebiets und leitet bis heute von der *Lippe* die benötigten Wassermengen zum Rhein-Herne-Kanal hinüber.

Rhein-Herne-Kanal - heute

Ob Ruder- und Kanusport, Schiffsrundfahrten, Spaziergänge, Wander- oder

Saisonstart 1924 - die Ruderer des RV Rauxel

Das Vereinsheim des RV Rauxel im Jahr 1937

Rauxeler Ruderer auf Wanderfahrt im Jahr 1930

Gerne war man damals so oft es ging am Kanal, da machten selbst die Arbeitseinsätze am Clubhaus Freude. Hier die Ruderer des RV Rauxel.

Vor dem alten Vereinsheim am Kanal bei Castrop-Rauxel

Erstes Schwimmfest im Gründungsjahr des SC Hellas, 1924.

Großes Publikumsinteresse beim Wasserballspiel des SC Hellas Castrop-Rauxel, 1925.

An der neuen Badestelle des SC Hellas, 1937.

Schwimmfest am Kanal in Castrop-Rauxel, 1951.

Kanupolo im Faltboot beim I. Meidericher Kanu-Club, 1933.

Bootstaufe des Meidericher Kanu-Clubs 1950 vor dem neuen Bootshaus am Rhein-Herne-Kanal

Ein Gründungsmitglied des ASV Blitzkuhle beim Fischbesatz am Kanal

Dieser Karpfen wog fast 8 Kilo und war stolze 71 cm lang; er wurde 1971 aus dem Rhein-Herne-Kanal geangelt (ASV Blitzkuhle).

Jugendliche des RV Emscher bereit zur Ausfahrt, 1940.

Vor dem Bootshaus des RV Emscher ist man bereit zur Saisoneröffnung, dem Anrudern im Jahr 1953.

Ruderer des RV Emscher bei der Einweihung des Bootshauses, 1927.

Radtouren entlang der Uferwege, Angeln oder Sonnenbaden - der Rhein-Herne-Kanal bedeutet für die Menschen in seinem Umkreis ein wichtiges Stück Lebensqualität. Zwar ist er immer noch Schifffahrtsstraße, aber im verstärkten Maße auch Erholungszone und *„Riviera* des Reviers" zugleich. Wer noch nie selbst dort unterwegs war, mag kaum glauben, wie idyllisch es am Kanal ist.

Rhein-Herne-Kanal-Kahn
Die früher in der Kanalschifffahrt eingesetzten 80 m langen und 9,30 bzw. 9,50 m breiten Frachtschiffe besaßen noch keinen eigenen Motor und wurden deshalb zu einem Schlepperverband zusammengestellt. Meist bestehend aus vier hintereinandergekoppelten Frachtern, die dann von einem Schlepper fortbewegt wurden. Nach dieser Normgröße richtete man sich natürlich auch beim Bau der Hafen- und Schleusenanlagen. Der Rhein-Herne-Kanal-Kahn wurde später durch das gleichgroße, selbstfahrende „Europaschiff" abgelöst, das bis zu 1350 Tonnen laden konnte.

Rhein-Ruhr-Hafen (Mülheim)
Im Oktober 1927 wurde in Mülheim a. d. Ruhr gleichzeitig mit dem neuen Ruhrschifffahrtsweg (ein Schifffahrtskanal, der kurz hinter der Stadtgrenze zu Duisburg wieder in die Ruhr mündet) der Rhein-Ruhr-Hafen eröffnet.
Für fast 30 Mio. Reichsmark errichtet, sollten sich auf dem 1,8 Mio. Quadratmeter großen Industriegelände neue Betriebe ansiedeln. Der Schifffahrtsweg und der Rhein-Ruhr-Hafen machten die Schifffahrt von der alten Schleuse Mülheim bis zum *Verbindungskanal* nach Duisburg und damit zum *Rhein-Herne-Kanal* möglich.
Zu finden ist der Rhein-Ruhr-Hafen mit

Im historischen Ortskern Duisburg-Ruhrort

einem Nord- und einem Südhafen im Westen der Stadt, zwischen Styrum im Norden und Speldorf im Süden.

Rhein-Waltrop-Kanal
So z. B. hätte der *Rhein-Herne-Kanal* eigentlich nach 1950 auch heißen können, denn ein abzweigendes Kanalstück des *Dortmund-Ems-Kanals*, das beim Bau des Rhein-Herne-Kanals bereits bestand und dann von 1914 an die Verbindung zwischen Waltrop (bei *Datteln* bzw. Castrop-Rauxel-Henrichenburg) und dem neu geschaffenen Kanalweg bis nach Herne bildete, wurde erst zu diesem Zeitpunkt dem Rhein-Herne-Kanal zugeschlagen.
(Siehe auch: Länge oder Stichkanal)

Riviera der Kumpel
Die Bevölkerung des Ruhrgebiets hatte schon immer die Gabe, das Beste aus

der jeweiligen Situation zu machen. Reichte das Geld bei weitem nicht für eine Fahrt nach Italien, suchte man sich eben seine kleinen, wenigstens etwas begrünten sonnigen Fleckchen vor der Haustür - im Schrebergarten, an der Ruhr oder eben am *Rhein-Herne-Kanal*, der so bald den Namen „Riviera der Kumpel“ oder auch „Bergmannsriviera“ weghatte.

Rock Hard Festival

Das erste Metal-Festival im *Amphitheater* Gelsenkirchen fand 2003 zum 20-jährigen Jubiläum der Musikzeitschrift Rock Hard statt; es was als einmalige Veranstaltung geplant, fand aber so großen Anklang, dass es im Jahr darauf wiederholt wurde und inzwischen jährlich zu Pfingsten stattfindet.

Rohstoff-Rückgewinnungszentrum Ruhr (RZR)

Januar 1982: Der Probebetrieb der Anlage mit Standort in Herten (Im Emscherbruch, unweit der *Halde Hoppenbruch*, ein Stück nördlich vom *Hafen Wanne-Ost*) wurde aufgenommen. Das vom Kommunalverband Ruhr finanzierte, 300 Mio. DM teure Projekt wurde innerhalb von drei Jahren umgesetzt. In einer riesigen Halle (161 x 24 x 41 m) sollen anschließend jährlich mehr als 450.000 Tonnen Müll sortiert und teilweise zu einem neuartigen Brennstoff in Brikettform verarbeitet werden. Die dafür nötige Energie wird von einer Müllverbrennungsanlage bezogen.

Route der Industriekultur

Auf einem Rundkurs von 400 km steuert sie herausragende Zeugnisse der Industriegeschichte an. Neben denkmalgeschützten Zechen oder Hüttenwerken gehören imposante Hafenareale, Gasometer und Brauereien zu den Zielen. Museen, Panoramapunkte und Landmarken sowie bedeutende Zechen- und Werkssiedlungen ergänzen das Bild. Eckpfeiler der Straßenroute sind sogenannte Ankerpunkte.
Zu ihnen gehören u. a. Zeche Zollern in Dortmund, die Villa Hügel in Essen, das *Schiffshebewerk Henrichenburg* in Waltrop oder die Henrichshütte in Hattingen und natürlich das Welterbe Zollverein. Über 1500 Schilder in Weiß auf Braun weisen den Weg. Wer sich umfassend informieren möchte, kann das am besten im Besucherzentrum auf Zollverein tun. Auch viele der am Kanal anliegenden ehemaligen oder noch genutzten Industriestandorte sind als Ganzes oder in verbliebenen Resten Bestandteile der Route der Industriekultur.

Rudergemeinschaft Bottrop

Der Club hat sein Bootshaus an der Straße mit dem vielsagenden Namen Am Rhein-Herne-Kanal bei Kanalkilometer 14,2. Eingebettet zwischen der Brücke der *Prosperstraße*, einem kleinen Gewerbegebiet und einer Güterbahnlinie, ist man überrascht, wie schön im Grünen das Vereinsgelände liegt.
1954 bereits gründete sich die Rudergemeinschaft Bottrop, die es sogar einmal ins Fernsehen gebracht hat: Im Abspann der WDR „Lokalzeit“ konnte man die Besatzung eines Renndoppelvierers durch den Kanal bzw. das Fernsehbild „huschen“ sehen (www.rudergemeinschaft-bottrop.de).

Ruderregatta

1953 fand auf dem *Rhein-Herne-Kanal* die erste Ruderregatta auf Oberhausener Stadtgebiet statt.
Veranstaltet vom 1923 gegründeten *Ru-*

derverein Oberhausen, waren 450 Teilnehmer auf dem Kanalwasser aktiv.

Ruderverein Emscher

Der Verein, der sich im April 1927 im damaligen Wanne-Eickel gründete, nannte sich in Würdigung der *Emscher* und ihres eigentlich so schönen Tales, das die Heimat prägte, Ruderverein Emscher Wanne-Eickel-Herten e. V.
Von Anfang an wurde auf dem Kanal gerudert, da die Emscher, auch wenn sie nicht kanalisiert wäre, nie groß genug zum Rudern war. Mit von verschiedenen Firmen gestiftetem Bauholz, Dachpappe, Ziegelsteinen und Mörtel wurde in den wirtschaftlich so schwierigen 1920er-Jahren sogleich mit dem Bau des ersten Bootshauses begonnen. Wenig später ging der Ruderbetrieb mit den ersten drei Booten los, und erste sportliche Erfolge ließen auch nicht lange auf sich warten.
1953 konnte mit dem Bau eines neuen, größeren Bootshauses begonnen werden, das drei Jahre später fertiggestellt wurde. Der Verein entwickelte sich gut, die Mitgliederzahlen wuchsen, der Bootsbestand nahm zu.
Viele schöne Wanderfahrten wurden und werden unternommen und eine große Zahl von Regatten erfolgreich bestritten. Es konnten sogar einige Podestplätze bei Weltmeisterschaften erreicht werden, auch weil immer wieder ein Sportler des RV Emscher einen Platz im berühmten Deutschland-Achter für sich erruderte. (www.rvemscher.de)

Ruderverein Gelsenkirchen - die ersten auf dem Kanal

Gerudert wurde schon seit 1917 von einigen Aktiven. Damals spendete ein Industrieller die ersten zwei Boote, und die Stadt stellte im Norden des *Industriehafens* einen Lagerraum als Bootshaus zur Verfügung. 1920 dann wurde der eigentliche Verein gegründet und eine eigene Bootshalle in einer Ecke des *Stadthafens* gebaut. Im selben Jahr fand das erste Rennen statt - zwar verlor man gegen das Boot aus Bochum, doch viele teils richtig große Erfolge stellten sich im Laufe der Jahre ein, u. a. 1960 Olympiasieg im Zweier mit Steuermann oder 1988, als eines der Vereinsmitglieder im Gold-Achter bei den olympischen Spielen von Seoul saß. Das heutige Bootshaus liegt an der Uferstraße bei Kanalkilometer 24. Der Verein hat sowohl eine Abteilung für Breitensport als auch eine große Rennsportgruppe.
(www.ruderverein-gelsenkirchen.de)

Ruderverein Oberhausen

1923 entschlossen sich ruderbegeisterte Stahlwerksarbeiter zur Gründung des Vereins, bauten sich ihr Bootshaus bei Kanalkilometer 9 - heute in unmittelbarer Nähe zur Konrad-Adenauer-Allee und der im Rücken verlaufenden A 42. Schon 1924 konnten sie die ersten Siege bei einer Regatta in Gelsenkirchen einheimsen und richteten 1953 die erste Regatta auf Oberhausener Kanalwasser aus, an der sich 450 Aktive beteiligten. Später waren die Oberhausener Ruderer besonders im Schüler- und Jugendbereich sehr erfolgreich.
(www.ruderverein-oberhausen.de)

Ruderverein Rauxel

Der Ruderverein Rauxel gründete sich 1922. Ihr Bootshaus liegt bei km 43,2 auf der *Wartburginsel* in Castrop-Rauxel (Wartburgstraße 283). In alter Tradition findet man auf dem Vereinsabzeichen neben dem Kürzel RVR noch die gekreuzten Werkzeuge Schlägel und

Spannende Rennen der Ruderbundesliga auf dem Kanal - das Team des RV Rauxel mittendrin.

Vereinsfarben und revierverbundenes Logo des RVR auf den Ruderblättern

Viel Platz ist in einem Rennruderboot nicht!

Eisen als Symbole des Bergbaus. Damals machte auch die Weltpolitik vor einem kleinen Sportverein am Kanal nicht Halt, denn schon im Jahr nach der Gründung kam der Ruderbetrieb - man hatte einen vereinseigenen Doppelvierer zur Verfügung - durch die Besetzung des Vereinsgeländes durch französische Soldaten schon wieder zum Erliegen (Besetzung des Ruhrgebiets als Folge des Ersten Weltkriegs). Erst Monate später, nach dem Abzug der Soldaten, konnte es wieder losgehen. Sogar zwei neue Boote wurden angeschafft. Und dann schrieb sich der Ruderverein Rauxel (RVR) mit zwei heute kaum mehr vorstellbaren Neuerungen in die Ruderanalen ein: 1927 wurde trotz zahlreicher Proteste die deutschlandweit erste Damen-Riege gegründet, und ab 1931 durften sich erstmals in Westfalen auch Schüler und Lehrlinge - und damit auch Arbeiterkinder - in die Vereinsboote setzen!
Eine wechselvolle Geschichte mit Höhen und Tiefen folgte. Positiv angenommen wurde die 1960 gegründete Tennisabteilung. Sportliche Erfolge, viele Wanderfahrten und natürlich das gemütliche Beisammensein bestimmten das Vereinsleben. 1982 holten zwei Ruderer mit dem Junioren-Achter die ersten Weltmeistertitel zum RVR, 1988 kam die erste Olympia-Goldmedaille (für einen der Ihren im Achter), und weitere Erfolge schlossen sich an.
Schon sehr lange erscheint auch die vereinseigene Zeitschrift „Die Insel".
(www.rv-rauxel.de)

Ruhrort und Ruhrorter Häfen
Im historischen Ortskern von Duisburg-Ruhrort mit seiner Nähe zur Mündung der Ruhr in den Rhein ist die überragende Bedeutung der Schifffahrt, welche sie seit Jahrhunderten für diesen Ort hatte, auch heute noch zu spüren. 1732 wurde das erste Hafenbecken fertig. Der kleine, vor der Stadt gelegene Hafen mit 12 m Breite und einer Uferlänge von 250 m war Grundstein für die spätere Bedeutung Duisburgs in der Binnenschifffahrt. Sechzehn Jahre hatten die Bauarbeiten gedauert, um das kleine, natürliche Becken an einem Altarm der Ruhr auszubauen.
Die Entwicklung des Hafens setzte sich stetig fort, und 1890 waren schließlich die Bauarbeiten am historischen Ruhrorter Kaiserhafen abgeschlossen.
Am sogenannten „Hafenmund" lag die Schifferbörse (heute ein Restaurant), wo Schiffsfracht- und Schleppgeschäfte zwischen Schiffseignern und Spediteuren abgeschlossen wurden.
Zweifellos gehört eine Rundfahrt durch den Duisburger Hafen, dem heute größten Binnenhafen der Welt, zu den Hauptattraktionen der Stadt. An Seeschiffen, hochaufragenden Kränen und Verladebrücken oder fußballfeldgroßen Lagerhallen vorbeizuschippern und den Hafenverkehr auf dem Wasser und an Land beobachten zu können - das heißt Welthandel hautnah erleben.
Ruhrort selbst wurde schließlich 1905 zusammen mit Meiderich nach Duisburg eingemeindet. Und der stimmungsvolle historische Ruhrorter Hafen lässt sich auch zu Fuß sehr gut erkunden - mit ganz spezieller Atmosphäre.

Ruhrorter Straßenbrücke
Die Brücke aus dem Jahr 1950 quert bei km 4,6 den Kanal und verbindet in Duisburg-Meiderich die Ruhrorter Straße mit der Essen-Steeler-Straße. Das rechte Kanalufer gehört hier schon zu Oberhausen-Lirich. Kurz nach dieser Brücke quert die Autobahn A 3 den Kanal.

Ruhrschleuse Duisburg

Mit dem Bau der letzten Schleuse vor der Mündung der Ruhr in den Rhein wurde 1919 begonnen, als die Ruhr in ihrem unteren Teil zur Großschifffahrtsstraße ausgebaut werden sollte. 350 m x 13 m groß, ging sie Ende 1926 in Betrieb.
Als Besonderheit hatte sie bis in die 1980er-Jahre ein bewegliches Mittelteil (ein sog. Mittelhaupt), so dass wahlweise auch nur die Hälfte der Kammer genutzt werden konnte.
Die Schleuse liegt südlich des modernen Hafenbereichs des *Ruhrorter Hafens*.

Die „Route der Industriekultur" erschließt sich auf einem 400 km langen Rundkurs. Zahlreiche Schilder weisen den Weg und laden auch zu spontanen Abstechern und Erkundungen ein.

Ruhrwasser für die Lippe

In trockenen Zeiten kann es sein, dass über das Wasserbewirtschaftungssystem der Kanäle Wasser aus der Ruhr bis zur *Lippe* gepumpt wird, um das dortige Ökosystem aufrecht zu erhalten. In der meisten Zeit des Jahres ist es aber umgekehrt, da wird über die Einspeisungsanlage in Hamm Lippewasser in die Kanäle abgeleitet.

Die Ruhr im Bereich des Kemnader Stausees. Führt die Lippe zu wenig Wasser, wird auch Ruhrwasser ins Kanalsystem gepumpt.

Sabotageakt
Im Zuge der Ruhrgebietsbesetzung kam es im April 1923 am *Emscherdüker* zu einer folgenschweren Sprengung, die von der Freicorpsgruppe „Oberland" (also von Deutschen) durchgeführt wurde. Der Kanal wurde dabei so stark beschädigt, dass zunächst keine Transporte mehr möglich waren.

Santa Monika I
Eines der Fahrgastschiffe, das Fahrten u. a. auf dem *Rhein-Herne-Kanal* anbietet. Das 1940 gebaute Schiff war ursprünglich ein Eisbrecher, hat 200 PS und bietet nach dem Umbau Platz für rund 140 Fahrgäste. Der Schiffsführer und zwei Matrosen gehören zur Stammbesatzung, hinzu kommen Servicekräfte je nach Bedarf. Ihren Heimathafen hat die Santa Monika in Hamm, wo Mannschaft und Schiff im Winter für zwei Monate eine Auszeit nehmen. Ab März ist man dann wieder auf den Kanälen unterwegs. Im Angebot ist auch eine gemütliche Kaffee-Kreuzfahrt bis zur Ruhrmündung und zurück. Preis für diese Minikreuzfahrt (etwa 2.45 Std.): rund 10 Euro. Los geht es dazu immer am Anleger Oberhausen-Kaisergarten.

Santa Monika II
290 Leute finden auf der größeren Santa Monika II Platz. Das Schiff verfügt über 350 PS und war einmal im Originalzustand ein 1887 gebautes Frachtschiff - damit also älter als der *Rhein-Herne-Kanal*. Vieles wurde danach allerdings umgebaut, und das machte der spätere Kapitän Theodor Fuest in seiner kleinen Werft in Hamm selbst, bevor die Santa Monika II 1968 als Fahrgastschiff auf den westdeutschen Kanälen in See stach. Bis heute ist das Schiff im Familienbetrieb unterwegs.

(Mehr Infos zur Santa Monika unter www.santamonika.de oder unter der Tel.-Nr. 02381 460444)

Satellitenantennen
An schönen Sommertagen wird auch die eine oder andere Satellitenantenne mit zum Kanalufer genommen, z. B. um die geplante Fußballübertragung störungsfrei empfangen zu können - ob aus bierseliger Laune oder Frust über das Spielergebnis - so manche Schüssel bleibt als Müll am Kanal zurück ...

SC Hellas Castrop-Rauxel
Bei der Gründung des Schwimmvereins 1924 gab es in der Stadt noch kein Schwimmbad, und um nicht immer ins benachbarte Schwimmbad von Gelsenkirchen ausweichen zu müssen, war es naheliegend, den *Rhein-Herne-Kanal* auch dafür zu nutzen. Durch das Wasserbauamt in Münster wurde die Ge-

nehmigung dazu erteilt.
1925 errichtete man an der Schwimmstelle eine Umkleideanlage, eine Wasserballmannschaft wurde ins Leben gerufen, und dem Trainings- und Wettkampfbetrieb der Schwimmer stand ebenfalls nichts mehr im Wege.
Im Jahr darauf durften auch Frauen Mitglied werden! Das Schwimmen im Kanal wurde auch noch beibehalten, als 1926 in Castrop das erste Freibad eröffnet wurde. Später stieg die Mitgliedzahl auf fast 700 an, und außer Schwimmen und Wasserball gab es u. a. auch Synchronschwimmen. Neben den sportlichen Aktivitäten wurden immer schon die geselligen Treffen auf dem Vereinsgelände am Rhein-Herne-Kanal groß geschrieben. Man trifft sich zum An- bzw. Abschwimmen, zu Feiern, und zu den Highlights mancher Kindheit gehört bis heute das Zelten am Kanal mit der Jugendgruppe.
(www.sc-hellas-castrop-rauxel.de)

Schäden von 16.000 Goldmark
Große europäische Geschichte mit Wirkung auch im Kleinen: Im Mai 1923 besetzten - zurückgehend auf den Ersten Weltkrieg - französische und belgische Soldaten das Ruhrgebiet. Auch das Bootshaus des *Rudervereins Gelsenkirchen* wurde beschlagnahmt. Wenige Monate später gab man es zwar wieder frei, doch Boote und Gebäude waren stark beschädigt - ein Schaden von 16.000 Goldmark wurde festgestellt. Klar, dass dies die Ruderer in ihren Aktivitäten erst einmal beeinträchtigte.

Scheppmanns Hof
Der Hof im Westen von Essen steht fast allein auf einem großen Stück Grünland, und das mitten in der eng bebauten

Der Kanal am Steag Kraftwerk

Emscherzone im nördlichen Ruhrgebiet. Seit dem Bau des *Rhein-Herne-Kanals* liegt der Hof zudem in dessen unmittelbarer Nähe. Als einer der ältesten Höfe der Gegend wurde Scheppmanns Hof schon 1444 erstmals erwähnt.
Inzwischen ist dort eine Reitergemeinschaft mit Ställen und Reithalle beheimatet, die das ländliche Idyll zu schätzen weiß. Nicht weit weg ist hier, in Essen-Dellwig, auch das beliebte *Freibad „Hesse"*.

Schiffsgefäße
Zusammenfassender Begriff, wenn man über die Größe bzw. Ladekapazität von Schiffen spricht. Im Laufe der Jahrhunderte kam es hier zu enormen Steigerungen. Im Gegensatz zu heute waren die Schiffsgefäße zu Beginn der Industrialisierung winzig klein. So trugen die meisten Flussschiffe in der Mitte des

18. Jahrhunderts nicht mehr als 15 Tonnen, wenn man vom Rhein absieht, auf dem schon Schiffe unterwegs waren, auf denen etwa 50 Tonnen befördert werden konnten.
Erst als durch den Ausbau der Wasserstraßen und die Vergrößerung der Schiffsgefäße deutlich höhere Mengen transportiert werden konnten, schaffte es die Schifffahrt, es mit der Konkurrentin Eisenbahn aufzunehmen.
Die heutigen Frachtschiffe können bei einer Gesamtlänge von bis zu 185 m bis zu 4200 Tonnen Ladung transportieren - was etwa 140 LKW-Ladungen (á 30 t) entspricht, und koppelt man ganze Schubverbände zusammen, können bis zu 17.000 Tonnen auf einen Schlag transportiert werden. Eine wichtige Entlastung für die Straßen.
(Siehe auch: Massenguttransport)

Altes Schiffshebewerk Henrichenburg

Schiffshebewerk Henrichenburg

Ende August 1962 wurde in Henrichenburg ein neuer „Lift“ für die Schiffe durch den damaligen Bundesverkehrsminister Seebohm am *Dortmund-Ems-Kanal* eingeweiht. Das moderne System entstand in dreijähriger Bauzeit neben dem alten Hebewerk von 1899.
Jetzt konnten auch die genormten, sogenannten „Europaschiffe“ vom Revier bis zur Nordsee geschleust werden.
Dabei wurde der Höhenunterschied von über 13 Metern zwischen *Ober- und Unterwasser* des Dortmund-Ems-Kanals nun in 17 statt 23 Minuten überwunden. Im Jahr 2005 kam schließlich wegen technischer Mängel auch für dieses Hebewerk das Aus. Mittlerweile steht es unter Denkmalschutz, gehört zum *Schleusenpark Waltrop* mit einem in Europa wohl einzigartigen Schleusenensemble und kann besichtigt werden.
(www.lwl-industriemuseum.de)

Schlaich-Brücke

Die bogenförmige Rad- und Fußgängerbrücke verbindet im Stadtteil Oberhausen-Borbeck über den *Rhein-Herne-Kanal* und die *Emscher* hinweg das Gelände des *Gehölzgartens Ripshorst* mit der schmalen *Emscherinsel* und der dahinterliegenden *Brache Vondern*. Sie wird von verschiedenen Freizeitwegen genutzt, u. a. dem Fernwanderweg Emscher-Park-Weg (markiert mit dem Wanderzeichen XE) und dem Emscher-Park-Radweg. Benannt ist die Brücke übrigens nach ihrem Architekten. In direkter Brückennähe wird der kleine Läppkes Mühlenbach mit einem Düker unter dem Kanal hergeleitet, um gleich darauf in die Emscher zu münden.

Schleppmonopol

Zu der Zeit, als die Lastkähne noch nicht mit eigenen Motoren ausgestattet

Am alten Schiffshebewerk Henrichenburg

waren, wurden meist mehrere von ihnen gleichzeitig von einem Schlepper vorwärts bewegt und von einer Schleuse zur nächsten gebracht.
Im Preußischen Wasserstraßengesetz von 1905 war festgelegt, dass diese Arbeit nicht von privaten Schleppern vorgenommen werden durfte, sondern in staatlicher Hand lag. Erst mit dem Aufkommen selbstfahrender Güterschiffe wurde dieses Monopol auf den Schleppbetrieb wirkungslos und Ende der 1960er-Jahre aufgehoben.

Schleuse

Eine Schleuse in der Schifffahrt, das weiß man natürlich, ermöglicht Wasserfahrzeugen die Wasserstandsunterschiede zwischen einzelnen Abschnitten einer Wasserstraße zu überwinden. Passiert ein Schiff/ein Boot eine Schleuse, wird das Schleusung genannt. Der Gewässerabschnitt mit dem höheren Wasserstand heißt dabei an einer Schleuse *Oberwasser*, während derjenige mit dem niedrigeren Wasserstand das Unterwasser ist. Bei modernen Schleusen handelt es sich in der Regel um Kammerschleusen. Von einer Schleusengruppe spricht man, wenn zwei oder mehrere voneinander unabhängige Schleusen zur Überwindung einer Gefällstrecke vorhanden sind.
Eine weitere Möglichkeit, Wasserstandsunterschiede zu überwinden, ist das Prinzip des Fahrstuhls, was in Schiffshebewerken angewendet wird.
In Deutschland wurde die erste Schleuse 1325 gebaut. Technische Vorläufer waren u. a. Stauschleusen - nach dem Öffnen der Tore schwammen die Boote auf der Flutwelle talwärts - und Bootsrutschen (Slippanlagen), auf denen die damals noch kleinen Kähne auf rampenartigen Konstruktionen hinauf- bzw.

Wolkenspiel über dem Stadthafen Essen

hinuntergelassen wurden.
Für kleine Sportboote gibt es an Wehren und Schleusen heute auch eigene Bootsgassen, also schmale Rinnen, durch die es mit schnell fließendem Wasser nach unten geht, bzw. durch die man die Boote hinauf treideln (an einer Leine ziehen) kann.
Wer mehr darüber wissen will, dem sei ein Besuch im *Schleusenpark Waltrop* empfohlen.

Schleuse Essen-Dellwig (Schleuse III)

In Dellwig befand sich bis 1980 die dritte *Kanalstufe* des *Rhein-Herne-Kanals*. Die *Schleuse* hatte zwei Kammern, die 165 m lang waren und eine Nutzbreite von 10 m hatten. Mit der Zeit hat sich die Geländestufe dann aufgrund von *Bergsenkungen* praktisch von selbst beseitigt, so dass die Schleuse Essen-Dellwig aufgegeben werden konnte.

Schleuse Gelsenkirchen (Schleuse IV)
Die Schleuse IV befindet sich am Kanalkilometer 23,3 kurz vor dem *Stadthafen Gelsenkirchen* und muss einen Höhenunterschied von 6,20 m überwinden. Diese dazu errichtete Schleusengruppe besteht aus zwei Anlagen, die zwischen 1980 und 1985 neu erbaut wurden. Die nördliche ist mit 12,10 m etwas breiter als die südliche (11,94 m), beide sind aber 190 m lang. Als Tore zum *Oberwasser* (Richtung Osten) wurden sogenannte Hubsenktore installiert, während die Unterwassertore sogenannte Stemmtore sind. Das Öffnen dauert 55 Sekunden am Obertor bzw. 35 Sekunden für das Untertor.
Immer wieder interessant und spannend ist es, diese Schleusengruppe bei der Arbeit zu beobachten, und so ist sie auch deshalb Teil der *Route der Industriekultur*.

Schleuse Herne-Ost (Schleuse VII)
Die Schleuse VII mit ihren beiden Kammern liegt bei Kanalkilometer 37,3.
Sie wurde 1914 als östlichste *Schleuse* des *Rhein-Herne-Kanals* in Betrieb genommen, in den Jahren 1986 bis 1992 renoviert und auf die inzwischen nötig gewordene Standardgröße von 190 m Länge und 12 m Breite ausgebaut.
Drehsegmenttore geben den Weg ins *Oberwasser* frei, Stemmtore verschließen die Kammer am Unterwasser.
Beim Schleusen wird hier in rund 14 Minuten eine Höhe von 12,80 m überwunden: die höchste Stufe im Rhein-Herne-Kanal. Um Wasser zu sparen bzw. das aufwendige Umpumpen möglichst gering zu halten, wird das ablaufende Wasser der einen Kammer zum Füllen der anderen genutzt, bis beide jeweils zur Hälfte gefüllt sind. Dann lässt man bei der Talfahrt das restliche Wasser Richtung Unterwasser ab, während die benachbarte Kammer vom Oberwasser zur Gänze gefüllt wird. Schleusen dieser Art werden als Zwillingsschleusen bezeichnet.

Schleuse Herne-West (Schleuse VI)
Bei Kanalkilometer 35,3 tat die Schleuse Herne-West ihren Dienst, wurde aber 1991 bis auf die äußeren Mauern der Schleusenkammern beseitigt. An der erhaltenen Mauer kann man noch heute die früheren Erhöhungsmaßnahmen von mehr als drei Metern erkennen, die wegen der *Bergsenkungen* nötig geworden waren. Die alte Anlage war zuletzt von der Größe her der Zeit nicht mehr angepasst. Auch war die Bausubstanz zu sehr in die Jahre gekommen und wies erhebliche Bergsenkungsschäden auf. Deshalb entschloss man sich, nur die Anlage der *Schleuse Herne-Ost* zu erneuern, und vertiefte zwischen den beiden Schleusen den Kanal um mehr als vier Meter, so dass eine Kanalstufe überflüssig wurde.

Schleuse Meiderich (Schleuse I)
Die Schleuse in Duisburg ist die Eingangsschleuse des *Rhein-Herne-Kanals* am Kanalkilometer 0,8. Diese erste Kanalschleuse ging 1914 mit der Eröffnung des Wasserwegs in Betrieb und hatte damals eine 165 m lange und 10 m breite Schleusenkammer. Die heutige Schleuse, an der oberhalb die Autobahn 59 über die *Berliner Brücke* verläuft, wurde 1980 fertiggestellt und bietet mit ihren 190 m x 12 m auch Platz für große Schubverbände.
Das 24 m hohe Untertor setzt durch seine gelbe Farbe inzwischen eine weithin sichtbare Landmarke in die Hafenlandschaft. Dabei ist die *Fallhöhe* an der Schleuse abhängig vom Wasser-

Der Leitstand der Schleuse Herne-Ost im Abendlicht

Nach der Einfahrt in die Schleuse - bald wird das einströmende Wasser das Schiff heben. Oben im Bild ein „Anprallschutz“, der vom Oberwasser zu schnell oder zu weit einfahrende Schiffe vor dem Schleusentor abfängt.

Der Rhein-Herne-Kanal ist nach wie vor eine Wasserstraße von Bedeutung

stand im Rhein: Führt der Rhein Hochwasser, kann der Wasserstand sogar höher sein als im Kanal, so dass nicht wie üblich „zu Berg“, sondern „zu Tal“ geschleust werden muss.
Hier, am Beginn des Kanals, werden außerdem die Nutzungsgebühren erhoben und die ein- und ausfahrenden Schiffe registriert. Heutzutage kann eine Person allein die Schleuse bedienen und gleichzeitig auch die *Ruhrschleuse Duisburg* und die Schleuse Raffelberg (am Schifffahrtskanal, kurz hinter dem Rhein-Ruhr-Hafen) bei Mülheim-Speldorf steuern.
2010 beispielsweise passierten 19.000 Schiffe mit rund 15 Millionen Tonnen Fracht die Meidericher Schleuse.

Schleuse Oberhausen (Schleuse II)

In Oberhausen-Lirich (am Kanalkilometer 5,7) liegt die Schleusengruppe Oberhausen. Die Schleusenanlage überbrückt heute eine Höhendifferenz von 4,10 m und besteht aus zwei Schleusen: die südwestliche wurde von 1977 bis 1979 erbaut und ist 190 m lang und 11,99 m breit; die nordöstliche entstand in den Jahren 1982 bis 1984 und ist bei einer Länge von ebenfalls 190 m 11,88 m breit. In jeder Kammer gibt es ein dickes Stahlseil, das als Sicherheitsvorrichtung gespannt wird, um ggf. nicht rechtzeitig stoppende Schiffe aufzuhalten, bevor sie das Untertor beschädigen.

Schleuse Wanne-Eickel (Schleuse V)

Diese Schleuse findet man bei Kilometer 31,2. Sie überbrückt eine Höhendifferenz von immerhin 8,40 m und damit die zweithöchste Stufe am *Rhein-Herne-Kanal*. Die zwei Schleusenkammern wurden zwischen 1906 und 1914 gebaut, hatten damals eine Länge von

Am Schleusenpark Waltrop

165 Metern bei einer Breite von 10 Metern und konnten so jeweils zwei der damals üblichen Kanalschiffe aufnehmen, die zu dieser Zeit üblicherweise 80 m lang und 9,5 m breit waren. Die südlich gelegene Anlage wurde 1994 neu erbaut und ist so auf die Anforderungen der heutigen Kanalschifffahrt eingestellt (190 m mal 12 m).
Die Nordschleuse blieb zunächst in der ursprünglichen Größe erhalten und noch eine Zeitlang als Ausweichanlage benutzt, bevor sie 2003 endgültig außer Betrieb gesetzt wurde. Inzwischen gibt es Neubaupläne, die voraussichtlich ab 2015 umgesetzt werden sollen.

Schleusenpark Waltrop

Der sogenannte Schleusenpark Waltrop liegt im Städtedreieck von *Datteln*, Waltrop und Castrop-Rauxel (Henrichenburg) am Kanalknotenpunkt zum *Dort-*

mund-Ems-Kanal, am Ende des *Rhein-Herne-Kanals*. Hier findet man noch vier unterschiedlich alte Anlagen, mit denen der Niveauunterschied der Wasserstände am von Osten kommenden Dortmund-Ems-Kanal ausgeglichen wurde bzw. immer noch wird. 1899 konnte mit der Eröffnung des Dortmund-Ems-Kanals auch das erste Hebewerk seinen Betrieb aufnehmen, das damals eine bedeutende technische Neuerung darstellte. Heute gehört das (glücklicherweise erhaltene) historische Bauwerk zum *LWL Industriemuseum Henrichenburg*. 1914 wurde mit der Fertigstellung des Rhein-Herne-Kanals zugleich eine neue Schleuse in den Dienst gestellt, bevor dann 1962 ein ganz neues Hebewerk in Betrieb ging. Komplettiert wurde der Schleusenpark 1989 mit dem Bau einer neuen modernen Großschleuse. Nach und nach wurden ältere Werke stillgelegt, so dass seit 2005 der gesamte Schiffsverkehr über die Schleusenanlage von 1989 abgewickelt wird. Gerade auch das Nebeneinander der vier unterschiedlichen Anlagen aus verschiedenen Epochen vermittelt einen einmaligen Einblick in die Geschichte der Hebetechnik.

Schleusenwärter

Die Binnenschifffahrt auf den Kanälen funktioniert nur durch die Arbeit der Schleusenwärter.

Sie bedienen die *Schleusen*, mit deren Hilfe Gefällestufen überbrückt werden können, teilen den Schiffen die entsprechende Schleusenkammer zu, legen die Reihenfolge der Einfahrt fest und öffnen und schließen dann die Tore und überwachen den Schleusungsvorgang.

Im Moment machen die Schleusenwärter ihre Arbeit noch wie seit jeher vor Ort an den Schleusen. In den *Leitständen* sitzen die Mitarbeiter des *Wasser- und Schifffahrtsamtes* und drücken die entsprechenden Knöpfe.

Am Schloss Oberhausen

Inzwischen wird jedoch damit begonnen, an den Kanälen und Schleusen Kameras zu montieren und alles für eine geplante ferngesteuerte Überwachung und Steuerung vorzubereiten. Der zentrale Leitstand für den *Rhein-Herne-Kanal* wird dann nach Abschluss der Arbeiten voraussichtlich in Herne stehen (für den Wesel-Datteln-Kanal ist der Leitstand in Dorsten vorgesehen). Die Umrüstung soll aber noch einige Jahre dauern.

Schlittschuhläufer und Eisprinzessinnen

Was für die Binnenschiffer kein Spaß ist, wurde schon immer von den Kindern jeden Winter geradezu herbeigesehnt: Hoffentlich friert dieses Jahr

der Kanal endlich mal wieder so richtig zu, und wir dürfen aufs Eis!
Ob Eishockeycrack oder Eisprinzessin - das frostige Wintervergnügen brachte Generationen begeisterter Jungs und Mädchen die Wangen zum Glühen.
(Siehe auch: Cerne, Rudi)

Schloss Bladenhorst
Das romantische kleine Wasserschloss in Castrop-Rauxel-Bladenhorst liegt nur wenige hundert Meter vom Kanal entfernt. Erstmals 1266 urkundlich erwähnt, bestand es ursprünglich aus vier Flügeln und hatte eine eigene Kapelle, die auf das Jahr 1332 zurück ging.
Heute ist es ein sehenswertes kleines Backsteinschloss aus dem 16. Jahrhundert (1530 bis 1584 erbaut), umschlossen von einem doppelten Gräftenring. Im Emscherbruch gelegen, wird die Schlossgräfte durch den nahen Deininghauser Bach und den Salzbach gefüllt. Erbaut von den Herren Viermundt, repräsentiert es die deutsche Spätrenaissance, zeigt aber auch andere Stilelemente. Das Torhaus mit zur Hofseite hin markant gestaltetem Giebel und das Herrenhaus mit zwei Ecktürmen unter geschwungenen Hauben sind aber nur von der Straße aus zu besichtigen, denn das Schloss ist in Privatbesitz.
Lediglich im ehemaligen Rittersaal oder im Schlossinnenhof finden ab und zu Lesungen, Vorträge oder Feste statt, und auch zum „Tag des offenen Denkmals" alljährlich im September öffnen sich die Tore der Anlage. Ein Graf von Bladenhorst ist hier noch zu Hause, und mehrere Gebäudeteile werden als Eigentumswohnungen genutzt.
Ende des 19. Jahrhunderts wurde unmittelbar nördlich der Schlossanlagen der *Zweigkanal* des *Dortmund-Ems-Kanals* gebaut, der mit dem nachfolgenden Bau des *Rhein-Herne-Kanals* eine durchgehende Schiffsverbindung zum Rhein bildete und später auch dem Rhein-Herne-Kanal zugerechnet wurde.

Blick auf Schloss Bladenhorst

Schloss Grimberg
Ein früheres Wasserschloss in Gelsenkirchen im Stadtteil Bismarck, nahe der östlichen Stadtgrenze zu Herne. Erbaut wurde es als Wasserburg 1317 durch die Grafen von der Mark und lag an *Emscher* und *Hüller Bach*, die auch die umgebende Gräfte des Schlosses speisten. Angelegt war es in einer damals typischen Form mit Vor- und Oberburg und wurde im Laufe der Zeit mehrfach in verschiedenen Stilen erneuert. Durch den Bau des *Rhein-Herne-Kanals* und des *Hafens Grimberg* wurde die Schlossanlage stark beeinträchtigt. 1908 erwarb die benachbarte *Zeche Unser Fritz* das Ganze, und noch im

Rundturm am Schloss Bladenhorst
- leider ist die Anlage nur von außen anzusehen

selben Jahr wurde die Kapelle abgetragen, aber an anderer Stelle, nämlich vor dem Schloss Herten, wieder aufgebaut. Der Zweite Weltkrieg richtete am Schloss Grimberg starke Beschädigungen an. 1961 entschloss man sich schließlich zur kompletten Abtragung des Gebäudes, von dem nur das Portal ebenfalls zum Schloss Herten umgesetzt wurde. Heute erinnern noch die Straßen Schloss Grimberg (Gelsenkirchen) und die Schlossstraße (Herne) an das ehemalige Schloss Grimberg.

Schloss Oberhausen

Als „Burg Overhus" vor 800 Jahren erstmals erwähnt, wurde es Anfang des 19. Jahrhunderts für den Grafen Max Friedrich von Westerholt-Gysenberg als dreiflügelige klassizistische Schlossanlage neu erbaut. Inzwischen es ist das Zuhause eines angesehenen Kunstmuseums, der *Ludwig Galerie*.

Das Museum konnte Anfang 1999 nach 18-monatigem Umbau wiedereröffnet werden, nachdem das Schloss im Jahr zuvor um einen Erweiterungsbau aus Glas und Stahl ergänzt wurde. Dabei ist im linken Seitenflügel eine 2010 aufwendig erneuerte Gedenkhalle eingerichtet worden, die an die Geschehnisse während des Naziregimes in der Stadt Oberhausen erinnert.

Direkt am Schloss liegt auch noch der schön angelegte Schlosspark, der sogenannte *Kaisergarten*. In der beschaulichen Parkanlage mit langer Tradition gibt es einen kleinen Tierpark, viele Spiel- und Sportmöglichkeiten, Restaurants und einen Teich.

Schloss Strünkede

In Herne liegt unweit des *Rhein-Herne-Kanals* das historische Schloss Strünkede, das heute ein reizvoller kultureller Anziehungspunkt ist. Gleich drei Museen sind dort zu Hause. Im Emschertal-Museum befinden sich umfangreiche kulturhistorische Bestände zur Ur- und Frühgeschichte, zur Volkskunde, zur Regional-, zur Stadt- und zur Schlossgeschichte. Auf dem Gelände findet man aber auch die Städtische Galerie im Schlosspark sowie das Heimat- und Naturkundemuseum Wanne-Eickel.

Als eines der schönsten westfälischen Wasserschlösser erhielt Schloss Strünkede sein heutiges Aussehen im wesentlichen während des 16. und 17. Jahrhunderts. Besiedelt war der Platz aber schon viel länger.

So stieß man bei Ausgrabungen auf zwei Vorläuferbauten aus dem frühen Mittelalter, die hier auf einem kleinen Erdhügel inmitten des einst von häufigen Überschwemmungen heimgesuchten sumpfigen Emscherbruchs gestanden haben.

Schloss Strünkede in Herne

Vom 12. bis zum 18. Jahrhundert Stammsitz der Herren von Strünkede, blieb als ältester Teil der dreigeschossige Wohnturm aus dem 14. Jahrhundert erhalten. Zugang zum heutigen Renaissanceschloss erlangt man durch ein barockes Torgebäude von 1664.
Südlich des Schlosses endete früher einmal der *Stichkanal* des *Dortmund-Ems-Kanals*, der von Herne aus schon einige Jahre vor dem Bau des Rhein-Herne-Kanals freie Fahrt Richtung Nordsee möglich machte.

Schrottplatz Kanal
Leider findet sich im Kanal immer wieder jede Menge Schrott. Sogar Fahrzeuge aller Art, vom Fahrrad bis zum Auto. Aber die unbedachte Entsorgung ist keine Erscheinung, die es erst seit kurzem gibt, denn so wurden beispielsweise schon bei der Befestigung der neuen Ufer mit Spundwänden in den 1960er-Jahren die nach dem Einrammen noch zu weit nach oben herausstehenden Abschnitte abgeschweißt und der Einfachheit halber im Kanalwasser versenkt. Taucher von Feuerwehr und *DLRG* nutzten diesen Metallschrott später als Übungsobjekte und übernahmen dabei gleich die Bergung und Entsorgung.

Schurenbachhalde
An der Stadtgrenze von Essen und Gelsenkirchen erhebt sich direkt zwischen *Rhein-Herne-Kanal* und A 42 ein beeindruckender künstlicher Berg. Entstanden durch den Kohlebergbau, wurde die auch „Altenessener Alpen" genannte Schurenbachhalde mit 25 Mio. Tonnen Abraum der Zechen Zollverein und Neu-Essen aufgeschüttet und schließlich im Rahmen des Strukturwandels zum Erlebnisort umgestaltet. Heute erscheint sie als begrünte, 50 m hohe Erhebung mit großartiger Aussicht. Die unbepflanzte Kuppe, auch liebevoll als „Haldenglatze" tituliert, wird seit 1998 durch eine fast 15 m hohe und 70 Tonnen schwere Stahlkonstruktion des US-Künstlers Richard Serra überhöht, der „Bramme für das Ruhrgebiet". Zusammen mit dem schwarzen Abraummaterial steht sie als Symbol für die Elemente Kohle und Stahl, die das Revier über Jahrzehnte hinweg geprägt haben. Der Schurenbach, früher Teil der unberührten Natur, ist längst umgeleitet, und auch die Zechen existieren nicht mehr. Bramme wie Halde sind über ein Wegesystem zugänglich. Dabei lassen sich unterwegs viele kleine angelegte Pfützen und Teiche entdecken, die zum Lebensraum für Libellen, Frösche und anderes mehr wurden. Der Emscher-Park-Radweg führt hier vorbei, und man kann schnell zum nahen *Nordsternpark* gelangen. Jenseits des Kanals und der *Emscher* sieht man am Rand von Essen-Karnap den kleinen Emscherpark liegen, der schon in den 1970er-Jahren auf einer Industriebrache entstand und neben Sport- und Kleingartenanlagen auch mit einer Parkanlage zum Spaziergang im Grünen einlädt.

Schürmann 2
Name eines Kohlenkahns, den die Deutschen während der Besatzung durch die Franzosen 1923 im *Rhein-Herne-Kanal* versenkten, um den Abtransport der Kohlen nach Frankreich zu verhindern. Französische Soldaten versuchten anschließend, den Kahn zu heben, um den Transportweg wieder frei zu bekommen. Als Folge des Ersten Weltkriegs musste Deutschland damals Reparationen auch in Form von dem so wertvollen Rohstoff Kohle leisten.

„Schweizer Käse"

Über ganze siebzehn Grubenfelder (Abbaugebiete der Zechen) leitete bei seiner Errichtung der *Rhein-Herne-Kanal* hinweg, auf seinem Weg von Duisburg bis Herne. Kein Wunder, dass da das Thema *Bergsenkungen* ein ganz wichtiges war, das den Kanalingenieuren so einiges Kopfzerbrechen machte, zudem die Bau- und Instandhaltungskosten erheblich belastete und noch heute eine große Rolle spielt.

Aus Sicherheitsgründen bestimmte man damals, dass in Kanalnähe nur Kohle abgebaut werden durfte, wenn die Hohlräume gleich wieder verfüllt wurden, etwas, worauf sonst meist erst einmal verzichtet wurde.

Mit den Spätfolgen des Bergbaus hat man nicht nur am Kanal zu tun.

Schwimmen - damals

Etwa in den 1960er-Jahren begann man damit, das Kanalufer mit Spundwänden auszubauen. Wo sich vorher sanfte oder auch mal etwas steilere Wiesenböschungen ausgebreitet hatten, auf denen man herrlich Sonnenbaden konnte, fielen hernach die Ufer abrupt ab. Klar, dass in den Vor-Spundwände-Zeiten für die Wassersportler der direkte Zugang zum Kanal und vor allem auch das Wiederheraussteigen viel besser möglich waren. Heute dagegen kann dies nur noch über die Leitern an den Spundwänden erfolgen.

Außerdem war das Schwimmen im Kanal in jenen Jahren noch nicht verboten, und gerade an den Wochenenden oder an Feiertagen, wenn die Binnenschifffahrt - wie damals üblich - noch Ruhetage hatte, gehörte das Kanalwasser ganz den Ausflüglern und Freizeitsportlern, ob Schwimmer, Paddler oder Ruderer.

Die „Bramme für das Ruhrgebiet" auf der Schurenbachhalde am Nordsternpark

Schwimmen - heute

Das Baden im Kanal ist eigentlich grundsätzlich verboten, es wird jedoch von der *Wasserschutzpolizei* geduldet, wenn man nicht zusätzliche Risiken provoziert: So ist der Bereich von 200 m vor und hinter *Schleusen*, Brücken und Wehren für Schwimmer absolut tabu. Außerdem darf man auf keinen Fall von den Brücken ins Wasser springen und auch keine Schiffe anschwimmen - beides ist allerdings seit jeher sehr beliebt, wenn auch ungemein gefährlich. Zum Beispiel, weil durch die Bewegung des Schiffes und die Arbeit der Schrauben hinter dem Schiff ein enormer Sog entsteht, der Schwimmer und kleine Boote heranziehen und in die Schrauben saugen kann. Zudem ist der Bug bei Schubschiffen schräg statt spitz, so dass Schwimmer oder Boote nicht mit der Bugwelle zur Seite abge-

drängt, sondern unter das Schiff gedrückt werden könnten.
Man sollte auch die enorme Trägheit von Schiffen bedenken, denn der Bremsweg kann bis zu 500 Meter betragen! (Siehe auch: Toter Winkel)

Sea Life
Die Faszination der heimischen Unterwasserwelt kann in Oberhausen in unmittelbarer Nachbarschaft zum Kanal erkundet werden. Wie auf einer beeindruckenden Reise können, quasi von der Quelle des Rheins bis ins Meerwasser des Atlantiks, die dort lebenden Wasserbewohner im Sea Life beobachtet werden. Riesige Panoramascheiben, ein Schwarmring, und besonders ein Tunnel aus Acrylglas erlauben es, die Welt buchstäblich unter Wasser kennen zu lernen. Auf der Außenanlage befindet sich auch ein Pinguinhaus.
(Weitere Infos unter: www.sealife.de)

Seitenarm der Lippe
Eigentlich könnte man den *Rhein-Herne-Kanal* auch als Seitenarm der *Lippe* bezeichnen. Denn schon seit der Planung des Kanals war klar, dass er sein Wasser von der Lippe erhalten wird. Das Lippe-Wasser wird dem Fluss in Hamm entnommen und gelangt anschließend durch den ebenfalls 1914 fertiggestellten Datteln-Hamm-Kanal zum Rhein-Herne-Kanal. Seit Mitte der 1950er-Jahre sorgen außerdem Pumpwerke an den *Schleusen* dafür, dass das für die Schleusung eingesetzte Wasser nicht verloren geht, sondern wieder in den höheren Bereich zurückgepumpt wird. Einerseits um einen gleichmäßigen Wasserstand zu gewährleisten, andererseits aber auch, damit nicht mehr Wasser als unbedingt nötig von der Lippe abgeleitet werden muss.
Zum Schutz der Lippe ist darüber hinaus festgeschrieben, dass immer eine ausreichende Menge Wasser verbleiben muss, um die Ökologie des Flusses nicht zu gefährden. Notfalls wird dann, um die Lippe zu entlasten, Wasser aus der Ruhr oder dem Rhein in den Kanal umgeleitet. Die Lippeauen stehen heute vielerorts unter Naturschutz.

Sekundus-Sprung
Eine bekannte geologische Besonderheit unterhalb der *Schleuse Herne-West*. Da in diesem Bereich keine Steinkohle abgebaut wurde, dachte man zunächst, dass es hier auch keine *Bergsenkungen* geben würde, was sich aber als Irrtum herausstellte. Die Bausubstanz der Schleusengruppe wurde nach und nach beschädigt und die Wände der Schleusenmauern mussten bis zu dreieinhalb Meter erhöht werden.
So entschloss man sich, die anstehende Modernisierung gar nicht mehr durchzuführen und die Schleusung allein durch den Standort Herne-Ost abzuwickeln.
1991 wurde deshalb die alte Schleusenanlage beseitigt.

Sieben Brücken auf rund 1400 Meter
Zu einem regelrechten „Brücken-Geknubbel“ kommt es in Oberhausen.
Den Anfang macht die *Slinky Springs Brücke* bei Kanalkilometer 8,6 am *Schloss Oberhausen*.
Es folgt (bei km 8,9) die Brücke der vierspurigen Konrad-Adenauer-Allee und (bei km 9,3) eine Eisenbahnbrücke.
Kurz darauf schließen sich zuerst die sogenannte Blaue Brücke, dann eine Fußgängerbrücke sowie eine weitere Eisenbahnbrücke an (alle drei etwa bei km 9,6). Zum Schluss überquert kurz vor der *Marina Oberhausen* noch die siebte Brücke, die sogenannte *Tausend-*

füßlerbrücke, den Kanal (km 10). Danach ist für rund 700 m „Brückenpause" (bis zur Osterfelder Straßenbrücke).

Siebzehn Grubenfelder
Der *Rhein-Herne-Kanal* passierte bei seiner Fertigstellung auf dem Weg von Duisburg-Ruhrort zum *Dortmund-Ems-Kanal* (am *Hebewerk Henrichenburg* bei Castrop-Rauxel, *Datteln* und Waltrop) siebzehn damals noch betriebene unterirdische Grubenfelder, die zu den umliegenden Zechen gehörten.

„Ski Heil!"
Die Kombination aus Wassersport im Sommer und Skifahren im Winter ist ja für Menschen, die sich gerne in der Natur bewegen, irgendwie naheliegend. So bildete sich in den 1960er-Jahren z. B. im *Bottroper Kanu-Club* eine Skigruppe, und der *Kanu- und Skiclub Herne* hatte dies gleich bei seiner Gründung schon als schöne Ergänzung im Sinn. Inzwischen gibt es bei beiden Clubs aber keine Skiabteilung mehr.

Slinky Springs Brücke
Die Brücke „Slinky Springs to Fame" des Künstlers Tobias Rehberger wurde im Sommer 2011 in Oberhausen eingeweiht. Als begehbare Brückenskulptur überwindet sie in geschwungener Linie den *Rhein-Herne-Kanal* und verbindet mit ihrer eigenwilligen Form den *Kaisergarten* mit der *Emscherinsel* im Bereich des einstigen *Volksparks Oberhausen*. Die für Fußgänger und Radfahrer freigegebene Brücke hat eine Spannweite von 400 m und erinnert in ihrer Form an die beweglichen Spiralfedern (Slinky Spring), die eine Zeitlang als Kinderspielzeug sehr beliebt waren.
Dieses architektonische Highlight, das im Rahmen der EMSCHERKUNST geschaffen wurde, bekam bereits Auszeichnungen und ist besonders bei Hobby-Fotografen sehr beliebt. In den Abendstunden wird die ungewöhnliche Konstruktion durch die spezielle Beleuchtung zum ganz besonderen Hingucker, und momentan bekommt man sie auch im Fernsehen zu sehen, präsentiert im Vorspann der „Lokalzeit Ruhr" des WDR.

„Smoke on the Water"
Die weltberühmte Rockband Deep Purple war (wenn auch nicht in früherer kompletter Besetzung) im Sommer 2011 auf Konzertstation im *Amphitheater* im *Nordsternpark* zu erleben. Bühnennebelmaschinen sorgten dann auch dafür, dass der Text eines ihrer wohl bekanntesten Lieder wahr wurde. Nebel auf dem Kanalwasser - verdutzte Partikuliere (Schiffseigner bzw. Binnenschiffer) fuhren damals durch das künstlich Grau.

Sonargeräte
Sonar ist ein Verfahren zur Ortung von Gegenständen unter Wasser mittels ausgesandter Schallimpulse. Es macht sich zu Nutze, dass sich Schall unter Wasser viel verlustärmer ausbreitet als in der Luft. Zur Suche z. B. von untergegangenen Personen oder zum Aufspüren von möglichen Hindernissen im Kanalbett können Rettungskräfte und Sicherheitstechniker diese Geräte einsetzen, die eine viel schnellere Übersicht verschaffen, als wenn die Strecke von Tauchern abgesucht werden müsste.

Späte Kriegsfolgen
Erst im Jahr 1974 wurden die letzten beiden Behelfsbrücken beseitigt, die man nach Ende des Zweiten Weltkriegs errichtete hatte. (Siehe auch: Kriegsschäden)

Von der Halde Hoheward bieten sich herrliche Ausblicke über das Ruhrgebiet.
In dem Grüngürtel zwischen Halde und Kraftwerk ziehen Emscher und der Rhein-Herne-Kanal durch die kontrastreiche Landschaft.

Speditionsinsel
Sie liegt in Duisburg im *Ruhrorter Hafen* zwischen *Hafenkanal* und Hafenmund und flankiert das letzte Stück, das Schiffe aus dem *Rhein-Herne-Kanal* kommend noch bis zum Rhein zurücklegen müssen.
Inzwischen findet dort ein weiträumiger Umgestaltungsprozess statt.
An der Spitze der Speditionsinsel ist in den letzten Jahren bereits eine Grünanlage entstanden. (Siehe: Mercatorinsel)

Sperrzone für Schwimmer
Obschon das Schwimmen im Kanal verboten ist, drückt die Polizei ein Auge zu, wenn man sich an gewisse Regeln hält; so sollte man sich auf jeden Fall ausreichend weit weg (rund 200 m) von Schleusen, Wehren und Brücken halten, wo das Schwimmen absolut verboten ist.

Sport Angler Verein Oberhausen-Lirich
Zehn Liricher Angler gründeten 1958 den Verein, damals noch unter dem Namen „Angelverein Schleuse 2“, womit schon klar ist, wo die „Freizeitfischer“ ihr Angelrevier hatten. Aktuell soll es rund 135 eingetragene Mitglieder im Verein geben;
(weitere Info unter: www.sav-oberhausen-lirich.de).

„Sport und mehr mit Inselflair“
Das ist die Devise des *Rudervereins Rauxel*, der in der grünen Oase der *Wartburginsel* seine Sportstätten hat. Neben dem Rudern hat man seit vielen Jahren eine große und aktive Tennisabteilung mit eigenen Plätzen und Halle; die *„Inselterrassen“* bilden dort die gastronomische „Begleitung“.

Sportfischerprüfung
So etwas braucht man, wenn man am *Rhein-Herne-Kanal* angeln will. Außerdem einen Fischereischein der Stadt und eine Tageskarte, die es z. B. in Angelgeschäften zu kaufen gibt. Kinder bzw. Jugendliche bis 16 Jahre dürfen mit einem Jugendfischereischein auch noch ohne Prüfung zum Angeln gehen, wenn sie in Begleitung eines geprüften Sportfischers sind. Nähere Infos geben gerne die Angelvereine entlang des Kanals.

Sportschifffahrt
Der *Rhein-Herne-Kanal* ist für Sportboote freigegeben, sie müssen aber beim *Wasser- und Schifffahrtsamt* angemeldet sein. Das gilt übrigens auch für Badeboote aller Art.
Und noch eines gilt für alle: die Höchstgeschwindigkeit beträgt 12 Stundenkilometer.

Staatswerft Herne
1914 wurde die königliche Werft in Herne direkt am *Rhein-Herne-Kanal* fertiggestellt, 1921 erfolgte die Umwandlung in ein Maschinenbauamt und 1939 die Umbenennung in *Wasserstraßen-Maschinenbauamt*, welches als Behörde bis 1998 bestehen blieb. Im Jahr 2000 schließlich wurde der Standort Herne endgültig geschlossen und die Arbeiten vom neugebauten Wasserstraßen-Maschinenbauamt in *Datteln* übernommen.

Stadion Niederrhein
Das Fußballstadion mit Leichtathletikanlage in Oberhausen liegt direkt gegenüber dem *Kaisergarten* am Übergang zur sogenannten *Emscherinsel* zwischen *Rhein-Herne-Kanal* und *Emscher* und ist Heimstadion des Clubs Rot-Weiß-Oberhausen. Eingeweiht im Februar

1926, wurde es noch mehrfach erweitert und umgebaut, bevor das Stadion im Jahr 1998 komplett erneuert wurde, als Oberhausen der Aufstieg in die Zweite Bundesliga gelang.

Städte am Kanal
Anrainer des *Rhein-Herne-Kanals* sind die Städte Duisburg, Oberhausen, Essen, Bottrop, Gelsenkirchen, Herne, Recklinghausen, Castrop-Rauxel sowie ganz am Ende Waltrop und *Datteln*.

Stadthafen Essen
Im April 1934 war der Ausbau vollendet, und der Schiffsbetrieb konnte eröffnet werden. Die gesamte Hafenanlage bestand aus einem Stichhafen von 412 m Länge und 85 m Breite, einem Parallelhafen von 170 m Länge und 35 m Breite sowie einem großen Industriegelände, auf dem sich mittlere Industriebetriebe und Kleinunternehmen ansiedeln sollten. Pläne zur Errichtung eines Stadthafens lagen in Essen schon seit 1905 vor, um dem heimischen Handel und der Industrie einen kostengünstigen Wasserweg zum Rhein zur Verfügung zu stellen. Der am Südufer des *Rhein-Herne-Kanals* liegende Hafen wurde damals als jüngster Hafen von der Stadt Essen in Betrieb genommen und wird seit 1987 von den Stadtwerken Essen betrieben.

Stadthafen Gelsenkirchen
Gesamtbezeichnung für die beiden Hafenbecken (*Handels- und Industriehafen*) südlich des Kanals in Gelsenkirchen-Schalke. Im Juli 1914 eröffnet und damit der älteste Hafen am *Rhein-Herne-Kanal*, zweigen die separaten Becken senkrecht bzw. im spitzen Winkel vom Kanalufer ab, und die Anlagen haben eine Gesamtgröße von rund

Blick in den Stadthafen Recklinghausen

118.000 qm. Betrieben wird der Stadthafen von der Gelsenkirchener Hafenbetreiber Gesellschaft, einem Tochterunternehmen der Stadtwerke Gelsenkirchen.
Im Hafen werden vorwiegend Mineralöl- und Stahlprodukte sowie Getreide umgeschlagen. So säumen große Gas-Tanks und Getreidesilos die Kaimauer. Insgesamt beträgt der wasserseitige Güterumschlag etwa 1,5 Mio. Tonnen pro Jahr, und damit liegt der Gelsenkirchener Stadthafen an der Spitze der Häfen am Rhein-Herne-Kanal.

Stadthafen Recklinghausen
Ursprünglich hatte Recklinghausen keinen Kanalhafen, da das Stadtgebiet zu jener Zeit von der nördlich des Kanals gelegenen *Emscher* begrenzt wurde. Erst durch eine Grenzverschiebung Richtung Süden (Erwerb von Grundbesitz

Auf der Slinky Springs in Oberhausen

Die Santa Monika II - das liebevoll umgebaute Frachtschiff ist älter als der Kanal!

Unter der Brücke der A 42 im Bereich des Stadthafens Essen

Auf dem Kanalabschnitt in Herne - hinten das Steag Kraftwerk.

Abendstimmung im Vorhafen der Schleuse Herne-Ost

Stimmungsvoll: Abenddämmerung am Stadthafen Essen

Am Schleusengelände in Oberhausen - das Schiff wird gerade bergwärts geschleust.

Blick von der Schleuse Gelsenkirchen in Richtung Nordsternpark

Die Binnenschiffer sind auch nach Sonnenuntergang noch aktiv

Einfahrt in den Rhein-Herne-Kanal vom Rhein - Schleuse Duisburg Meiderich.

Das Sperrtor am Verbindungskanal zur Ruhr. Bei Hochwasser in Rhein oder Ruhr wird es geschlossen.

Bergschleusung in Duisburg-Meiderich

der Stadt Herne) wurde die Errichtung des Stadthafens möglich.
Aber auch dieser Hafen war nach und nach nicht mehr rentabel und wurde schließlich vor einigen Jahren erst einmal aufgegeben. Einzig ein alter Hafenkran blieb noch zurück, doch inzwischen entstehen dort wiederum einige Gewerbeaktivitäten und führen zu einer ersten neuen Belebung.

Stichkanal Herne des Dortmund-Ems-Kanals

Es gab am *Dortmund-Ems-Kanal* bereits bei seiner Eröffnung 1899 einen Stichkanal, der von der letzten Staustufe am *Schiffshebewerk Henrichenburg* bis hinüber nach Herne führte und südlich von *Schloss Strünkede* in einem Hafenbecken endete. Bei seiner Fertigstellung im Jahr 1914 leitete dann der *Rhein-Herne-Kanal* nördlich vorbei am Schloss, um im Bereich der heutigen *Schleuse Herne-Ost* nach 38 km an diesen Stichkanal anzudocken (damals also trug der Rhein-Herne-Kanal noch den passenden Namen). Das letzte Teilstück des Stichkanals Richtung altem Hafen in Herne wurde danach überflüssig, 1937 aufgegeben und teilweise verfüllt. Später nutzte man die ehemalige Kanaltrasse zum Bau eines Abschnitts des *Emscherschnellwegs*.
Seit nun über 60 Jahren ist der einstige Stichkanal auch offiziell Teil des Rhein-Herne-Kanals, der seitdem fast 46 km misst.
Am Stichkanal war übrigens u. a. der 1920 gegründete *Wassersportverein Herne* zu Hause. Und der 1909 erbaute Dampfschlepper *„Teniers"* hatte seinen ersten Heimathafen noch im alten Hafen Herne. Nach 1914 leistete er dann seine Dienste auf dem Rhein-Herne-Kanal. Längst ist er im Ruhestand, konnte

Das ehemalige Streifenboot „WSP 27" im Hafen Wanne-West

aber als Museumsschiff der Nachwelt erhalten bleiben und ist nun Teil des *Industriemuseums* am Schiffshebewerk Henrichenburg.

Suchscheinwerfer am Yachthafen

Leider kommt es auch vor, dass Menschen sich am Kanal das Leben nehmen, wie etwa im Jahr 2013.
Nachdem Spaziergänger beobachtet hatten, dass eine Frau an einem Oktoberabend beim *Hafen Friedrich der Große* (Herne) in den *Rhein-Herne-Kanal* gesprungen war, wurde der Bereich zunächst mit Scheinwerfern abgesucht, bevor die Feuerwehr auch mit Schlauchbooten und Tauchern aktiv wurde. Doch konnte niemand gefunden werden.
Erst 14 Tage später wurde die Leiche der Frau im *Yachthafen Pöppinghausen* (Castrop-Rauxel) entdeckt und von der Feuerwehr geborgen.

Jugendliche Paddler vom Oberhausener KV
- im Hintergrund die Brücke Slinky Springs

Der TC Sterkrade beim Langstrecken-Cup 2014

Tausenddreihundertfünfzig Tonnen (1350 t)

Als es 1906 mit dem Bau des *Rhein-Herne-Kanals* losging, hatte man im Vorfeld bei der Planung berücksichtigt, dass später Schiffe mit einer Tragfähigkeit von bis zu 1350 Tonnen die Wasserstraße benutzen können.

Tausendfüßlerbrücke

Die 230 m lange Fußgängerbrücke in Oberhausen führt nördlich des Freizeitparks am *CentrO* (CentrO.PARK) erst über den *Rhein-Herne-Kanal*, danach über die *Emscher* und anschließend über die A 42 hinweg, die alle drei in diesem Bereich sehr eng beieinander liegen.

1999 fertiggestellt, verbindet die Brücke das Gelände der damaligen Landesgartenausstellung (OLGA) im Norden der Autobahn mit der *Neuen Mitte Oberhausen*. Um die Gefahr von Schäden durch Bodensenkungen zu vermeiden, hat man 15 Meter tiefe Bohrpfähle verankert, die die Brücke halten.

Ihren Namen „Tausendfüßlerbrücke" bekam sie ganz offensichtlich durch ihre zahlreichen Metallstützen, die die Vertikalkräfte aufnehmen sollen. Teilweise sind diese im Boden eingelassen, andere verbinden den Ober- und Unterbau der Brücke. Durch eine Rampe und eine Wendeltreppe wird der Zugang zum Kanalufer ermöglicht.

TC Sterkrade

Im 1869 gegründeten Turnverein bildete sich 1929 eine eigene Kanuabteilung, die später zu einer der bekanntesten Bootsabteilungen in NRW wurde. Begeisterte Paddler zogen in den 1930er-Jahren mit den damals üblichen, zum Teil selbstgebauten Faltbooten zu den

Flüssen der Umgebung, befuhren aber auch den vor der Tür liegenden *Rhein-Herne-Kanal*. Später bildete sich im Verein ein sehr erfolgreiches Drachenboot-Team, die Centro-Dragons, die auf nationalen und internationalen Meisterschaften Medaillen holen.
(www.kanutc69.de)

„Teniers"
Name eines 1909 gebauten Dampfschleppers mit Heimathafen Herne.
Zunächst war er auf dem damaligen *Stichkanal* und dann, nach Fertigstellung des *Rhein-Herne-Kanals*, auch auf diesem als Schlepper aktiv.
Heute gehört er als fahrendes Museumsschiff zum *LWL Industriemuseum Schiffshebewerk Henrichenburg*.

Tennis auf der Kanalinsel
Beim *Ruderverein Rauxel*, der seine Heimat auf der *Wartburginsel* in Castrop-Rauxel-Henrichenburg hat, wurde 1960 eine Tennisabteilung angegliedert. Man legte sich Plätze an und baute auch eine eigene Halle und war auf Meisterschaften erfolgreich.

Tiefgefrorene Zwangspausen
Wird in strengen Wintern das Eis auf dem *Rhein-Herne-Kanal* zu dick, geht bei der Binnenschifffahrt nichts mehr. Die großen Schiffe werden manövrierunfähig, und Eisbrocken im Wasser gefährden bei manchen Schiffen die Getriebe. Eisschollen blockieren dann die *Schleusen*, die Fahrrinne wird zunehmend schmaler und friert immer wieder ganz zu. Ist es wieder einmal soweit, dass alles stillsteht, machen die Binnenschiffer aus der Not eine Tugend und kümmern sich um kleinere Reparaturen oder führen Gespräche unter Kollegen, wozu sonst oft die Zeit fehlt.

Tod im Kanalwasser
Manchmal kommen Menschen im Kanal beim Baden zu Tode, aber wirklich belastbare Gesamtzahlen gibt es nicht. Vielleicht auch deshalb, weil die jeweils betroffenen Städte und Behörden dann für die Bearbeitung der einzelnen Todesfälle zuständig sind. Dabei gibt es jährlich in ganz NRW beim Baden durchschnittlich fünf bis sechs Tote. Daran ist schon zu ersehen, dass allein am *Rhein-Herne-Kanal* zum Glück nur sehr wenige Menschen durch einen Badeunfall umkommen. Zu beklagen sind jedoch auch einige Unfall- oder sogar Mordopfer und daneben wenige Fälle von Selbstmord, die von der Landpolizei der jeweiligen Stadt bearbeitet werden.

Tödlicher Kanalsprung
Ein 25-jähriger Mann wollte im Jahr 2011 nach einem Streit mit seiner Freundin den Kanal durchschwimmen - offenbar als Liebesbeweis, wie man anschließend annahm. So sprang er an einem Abend Ende Oktober in Essen alkoholisiert ins Wasser des *Rhein-Herne-Kanals*, ging unter und konnte erst 30 Minuten später durch Taucher der Feuerwehr geborgen werden. Stark unterkühlt, gelang es den Helfern zunächst, ihn zu reanimieren, doch noch in der Nacht verstarb er im Krankenhaus.

Toter Winkel
Die Schiffe der Berufsschifffahrt werden alle vom Heck aus geführt, so dass sich vor dem Schiff ein nicht einsehbarer Bereich von bis zu 100 Metern befinden kann. Wer sich als Schimmer oder Paddler in diesen toten Winkel begibt, muss wissen, dass er für den Schiffsführer sozusagen unsichtbar ist.

Das Vereinshaus des TC Sterkrade 1869 in Oberhausen

Beim 2. Drachenboot-Event in Oberhausen

Drachenboot-Event des TC Sterkrade - mit vollem Einsatz wird das Kanalwasser „durchpflügt“. In Blau die Flying Turbos aus Meiderich.

Beim 12. Langstrecken-Cup 2014 am Bootshaus des TC Sterkrade 1869

Trabergestüt Bladenhorst
Im Nordwesten von Castrop-Rauxel, direkt am Kanal gelegen, fällt schon auf jedem Stadtplan das weiträumige Gelände zwischen dem Industriegebiet Friedrich der Große und dem *Schloss Bladenhorst* ins Auge. Bis vor einigen Jahren gehörte es dem weltbekannten Trabrennfahrer *Heinz Wewering* und war für die Öffentlichkeit unzugänglich. Inzwischen findet auf dem Gelände ein Jobcenterprojekt des Kreises Recklinghausen statt, das Jugendlichen eine neue Chance geben soll. (Siehe auch: Im Sulky parallel zum Kanal)

Trassenführung
Der *Rhein-Herne-Kanal* geht etwa auf Höhe des Hafen-Beckens C (Kanalkilometer 0,16) aus dem Duisburg-Ruhrorter *Hafenkanal* hervor, anschließend folgen die *Schleuse Meiderich* und der Kanalhafen; bei Kanalkilometer 1,4 findet man rechts den *Verbindungskanal* zur Ruhr. So besteht also nicht nur über den Duisburger Hafen Verbindung zum Rhein, sondern auch über die Ruhr.
Erst noch recht deutlich in nördliche Richtung ziehend, wendet sich dann in Oberhausen der Wasserweg nach Nordosten und verläuft bis Herne im Tal der *Emscher*, die begradigt und zudem ein wenig nach Norden verlegt wurde.
Hinter Herne verläuft der Kanal etwas mehr in nordöstlicher Richtung und wendet sich bei Castrop-Rauxel-Bladenhorst noch stärker nach Norden.

Treidellok
Diese Loks wurden vor dem Aufkommen der selbstfahrenden Binnenschiffe an *Schleusen* eingesetzt, um motorlose Kähne in die Schleusenkammern hinein- und auch wieder hinauszubugsieren. Dazu wurde im Bereich der Schleusenkammern ein Gleisstrang verlegt, auf dem die Lok hin und her fahren konnte. Die Kähne wurden vom Schlepper zu den Schleusen gebracht, dort wurden sie an die Lok angekoppelt und von dieser in die Kammer hinein und nach der Schleusung wieder hinausgezogen, wo sie dann ein neuer Schlepper übernahm. Eine recht umständliche Sache. (Siehe auch: Schleppmonopol)

Tresore gesucht - Roller gefunden
Polizeitaucher stiegen im Januar 2013 unterhalb der Brücke Grothusenstraße (Gelsenkirchen) ins eiskalte Kanalwasser, um dort nach versenkten Geldschränken aus einer Einbruchserie zu suchen.
Die Diebesbande war geschnappt worden, und im Rahmen der Ermittlungen fand die Polizei heraus, dass die geklauten Tresore nach ihrer Plünderung im Kanal entsorgt worden waren. Zunächst wurden an der oben genannten Stelle aber nur zwei Motorroller gefunden.

Turbulenzarm
Turbulenzen im stehenden Gewässer eines Kanals? Doch, gibt es. Durch die Schiffe selbstverständlich, aber auch bei den *Schleusen* können Verwirbelungen auftreten. Deshalb ist „turbulenzarm“ ein wichtiger Begriff in der Schleusentechnik, denn das in die Schleusenkammer zu- oder ablaufende Wasser soll zwar schnell, aber doch ohne zu große Turbulenzen ein- bzw. ausströmen. Durch ausgeklügelte Techniken wird zum einen vermieden, dass es zu allzu großen Schiffsbewegungen in der *Schleuse* kommt und andererseits auch, dass vor den Schleusen wartende Schiffe nicht durch zu stark ausströmendes Wasser beeinträchtigt werden.

Turn- und Wassersport-Verein Recklinghausen-Süd
Die Kanuabteilung des Vereins hat an der Pöppinghauser Straße 6 auf Herner Grund ihr Bootshaus. Es liegt auf der linken Kanalseite (bei km 36,5), zwischen der ehemaligen *Schleuse Herne-West* und der *Schleuse Herne-Ost*.
Bis ins Jahr 1886 führt die Vereinsgeschichte zurück. Damals gründete sich der Klub als reiner Turnverein.
Während der Zeit der nationalsozialistischen Diktatur nahm er sehr viele Mitglieder eines Schwimmvereins („Freie Schwimmer Recklinghausen Süd", gegründet 1924) auf, der damals, als Arbeiterverein organisiert, vom Nazi-Regime verboten worden war. Später bildete sich zudem eine Kanuabteilung. 1946 nannte sich der Turnverein dann um, damit seine erweiterten Aktivitäten auch im Vereinsnamen deutlich werden. (www.tuw-recklinghausen.de)

Turner auf dem Wasser
Im *Turnclub Sterkrade*, der schon 1869 in Oberhausen gegründet wurde, bildete sich 1929 eine eigene Kanugruppe, die ihr Kanal-Domizil an der Lindnerstraße 4 fand.
Auch im Castroper Turnverein (von 1874) schlossen sich paddelbegeisterte Turner in einer eigenen Kanu-Abteilung zusammen; sie starten ihre Kanaltouren am Bootshaus an der Wartburgstraße 278.
Eine Kanuabteilung bildete sich später ebenfalls in Recklinghausen-Süd, im Turnverein von 1886. Der Wassersport nahm eine so große Rolle ein, dass man sich ab September 1946 sogar umbenannte in Turn- und Wassersport-Verein Recklinghausen-Süd.
Sie sind in der Pöppinghauser Straße 6 mit ihren Booten untergekommen, also

Tennis auf der Kanalinsel. Hier ist der Ruderverein Rauxel zu Hause.

ein Stück über die Stadtgrenze nach Herne gewandert.

„Tyd is Geld"
„Zeit ist Geld", so hieß der erste Kahn, der am 17. Juli 1914 zu einer Probefahrt in den neugebauten *Rhein-Herne-Kanal* geschleppt wurde. Zuvor hatte im April ein Regierungsdampfer schon einmal als erstes Prüfschiff die Befahrbarkeit des neuen Wasserweges getestet. Weitere Schiffe machten dann im Juli ihre Probefahrten und konnten anschließend vermelden, dass der Rhein-Herne-Kanal ohne Probleme zu befahren war. So stand der Freigabe für die Binnenschifffahrt nichts mehr im Wege. Dass es letztlich nicht zu einer offiziellen Einweihung kam, lag am Ausbruch des Ersten Weltkriegs, denn man hatte den Termin erst für Juli 1915 vorgesehen.

U-W

Das Umspannwerk Recklinghausen

Ulmenstraßen-Brücke
Sie wurde 1954 gebaut, quert in Oberhausen bei Kanalkilometer 6,2 den Schifffahrtsweg und hat eine Stützweite von 60 Metern.

Umspannwerk Recklinghausen
Das Ende der 1920er-Jahre gebaute Umspannwerk Recklinghausen leitet heute seine Besucher mit dem „Museum Strom und Leben" durch die Geschichte der Elektrizität.
Viele Objekte, die auch ausdrücklich angefasst und ausprobiert werden dürfen, zeigen diesen epochalen Aspekt der Technik- und Industriegeschichte. 2500 qm Ausstellungsfläche ermöglichen eine Zeitreise durch die Nutzung der Elektrizität.
Man bekommt Einblicke u. a. in die Stromgewinnung, die Technik der Elektrizitätsverteilung und die Veränderungen, die es für das alltägliche Leben mit sich brachte. Zu finden ist das direkt an der *Emscher* gelegene Museum, das einen modernen Glasanbau erhielt, in unmittelbarer Nähe des *Stadthafens Recklinghausen*.
Anschließend lädt auch das nahe *Schloss Strünkede* zu einem Besuch ein, oder aber man schließt eine aussichtsreiche Besteigung der Halde Hoheward an.
(www.umspannwerk-recklinghausen.de)

Unser Fritz
Ein Stadtteil von Herne, der sich südlich des Kanals ausdehnt und aus der Siedlung der *Zeche Unser Fritz* hervorgegangen ist.
Namensgeber für Zeche und Siedlung war der beliebte Kronprinz Friedrich Wilhelm (1831 - 1888), der später für nur 99 Tage als Kaiser Friedrich III. die Regentschaft in Deutschland ausübte.

V

Verbindungskanal

Der Verbindungskanal zweigt bei Kanalkilometer 1,4 in Duisburg kurz hinter der *Berliner Brücke* in Richtung Süden vom *Rhein-Herne-Kanal* ab und macht die Zufahrt hinüber zur Ruhr, aber auch weiter zum Rhein möglich. So ist er quasi ein zweiter Zugang bzw. eine zweite Mündung des Kanals in den großen Strom.

Der Verbindungskanal wird, falls nötig, auch zur Umleitung von Ruhrwasser in das Wasserversorgungssystem der Kanäle genutzt. Nicht zu übersehen ist außerdem das Hochwassersperrtor an eben jenem Verbindungskanal zwischen Ruhr und Rhein-Herne-Kanal.

„Verbotene Stadt“

Als solche wurde früher in Castrop-Rauxel das große Gelände des *Trabergestüts Bladenhorst* bezeichnet. Allein bei der Bahnfahrt von Castrop-Rauxel nach Herne konnte man einen kurzen Blick auf die direkt am Kanal gelegene Anlage erhaschen. Ansonsten war sie für die Öffentlichkeit nicht zugänglich, und es drangen auch von dort nur wenige Informationen nach außen. Wurden hier doch weltberühmte Trabrennpferde gezüchtet und trainiert, so dass eine gewisse Abschottung für den rennsportlichen Erfolg Voraussetzung war.

Verladehafen wird Feuchtbiotop

Der Hafen der ehemaligen *Zeche Unser Fritz* wurde ihm Rahmen der kompletten Neugestaltung der großen Industriebrache im Nordwesten von Herne vom Kanal abgetrennt und mit einer Uferböschung versehen, die man anschließend begrünte. Wo früher tonnenweise Kohle verladen wurde, ist nun ein Feuchtbiotop entstanden.

Versenkte Fahrzeuge

Immer wieder muss die Polizei der Kanalanliegerstädte Autos aus dem Kanal bergen lassen - und nicht immer sind es die Folgen eines Unfalls, die zum regelrechten Abtauchen der Fahrzeuge führen. Denn häufig ist Vandalismus nach „Spritztouren“ mit geklauten Autos die Ursache. So auch im März 2012, als im Bereich des *Herner Meeres* ein wenige Tage zuvor als gestohlen gemeldetes Fahrzeug geborgen wurde. Ungewöhnlich bei dieser Aktion war jedoch, dass gleich ein zweites Autowrack entdeckt und an Land geholt werden konnte. Es war schon von einer Muschelschicht bedeckt und hatte sicher bereits einige Jahre im Wasser verbracht.

„Vibrationsbär“

Es ist keine neu entdeckte Spezies in der Tierwelt am Kanal, sondern ein spezieller Kranaufsatz, der zum Einsatz kommt, wenn tief in den Kanalboden eingerammte Eisenpfähle, sogenannte Dalben, wieder entfernt werden sollen. Der „Vibrationsbär" packt die Dalben an der Spitze und rüttelt und schüttelt sie solange, bis sie sich im Kanalgrund lockern und sich Stück für Stück anheben lassen. Die mehrere Meter langen Dalben werden u. a. als Stützen für Steganlagen genutzt.

Vierundzwanzig-Stunden-Paddeln
Traditionsreiche Veranstaltung der *Freien Kanufahrer Rauxel e.V.* (seit 2002): Während eines ganzen Tages wird zwischen den Bootshäusern des *Kanuclubs Erin* und dem des FKR gepaddelt, und Kanuten zwischen 8 und 80 Jahren versuchen, möglichst viele Kanalkilometer zusammenzutragen.
Pause machen und an Land gehen ist erlaubt - Sieger wird, wer am Ende die meisten Kilometer gesammelt hat. Neben den Einzelwertungen gibt es auch eine Vereinswertung.
Teilnehmen kann übrigens jeder (Kinder in Begleitung der Eltern, Erfahrung sollte vorhanden sein). Die Bestmarke 2013 in der Einzelbewertung lag bei beeindruckenden 184 Kilometern. Für 2014 ist die Veranstaltung am 28. und 29. Juni festgesetzt - man kann gespannt sein, ob wieder so viele Kanalkilometer zusammenkommen!

Volkspark Oberhausen
Auf der *Emscherinsel* entstanden gegenüber vom *Kaisergarten* schon sehr früh zahlreiche Sportanlagen, Bootshäuser und auch ein großes Freibad, das jedoch inzwischen stillgelegt wurde. Zudem verband seinerzeit bereits eine Fußgängerbrücke beide Grünbereiche miteinander. An manch einem Gebäude und Teilen der Tribünenanlagen kann man die alte Pracht noch erkennen. Seit 2009 verbindet nun die *Slinky Springs Brücke* den Kaisergarten wieder mit dem ehemaligen Volkspark.

Vom Neckar zum Kanal
Frachtkapitän Friedrich-Wilhelm Bleich kaufte 2002 in Stuttgart ein Personenschiff, das bis dahin auf dem Neckar unterwegs gewesen war, und brachte es ins Ruhrgebiet, um sich hier mit der Herner Personenschifffahrt einer neuen Aufgabe zu widmen. Erst einmal musste das 1961 fertiggestellte Schiff aber umgebaut werden, damit es „kanaltauglich" wurde. So musste z. B. der Fahrstand versetzt werden, bevor es als *Ausflugsschiff „Friedrich der Große"* vom Hafen an der Gneisenaustraße aufbrechen konnte.

Vom Schwarzen Meer ins Kanalwasser
Vermutlich über das *Ballastwasser* von Schiffen sind die Grundeln von ihren eigentlichen Verbreitungsgebieten im Asowschen Meer, dem Schwarzen Meer und dem Kaspischen Meer mit der Zeit bis in den *Rhein-Herne-Kanal* vorgedrungen. Sie gelten als unerwünschte Einwanderer - sogenannte Neobiota - und vermehren sich zudem sehr stark. Für die Angler am Rhein-Herne-Kanal keine Freude, denn sie verdrängen die heimischen Fische und sind selbst kein lohnender Fang. Der Landesfischereiverband setzt ein bis zweimal im Jahr heimische Arten ein. (Siehe auch: Grundel-Plage)

Von der Werkbank ins Ruderboot
Am Schmelzertisch im Werksgasthaus wurde 1923 der *Ruderverein Oberhausen* von den Arbeitern des einstigen Stahlwerks ins Leben gerufen.

Von Stettin zum Kanal
Noch unter dem Namen „Professor R. Virchow“ wurde das heutige *Fahrgastschiff „Pirat“* 1904 auf einer Stettiner Werft gebaut.
Damals noch mit zwei 80-PS-Motoren ausgestattet, ist es seit 2011 mit Kapitän Guido Krohmann u. a. auf dem *Rhein-Herne-Kanal* unterwegs. Inzwischen wird es vorangetrieben durch insgesamt 530 PS in umweltfreundlichen, weil emissionsarmen neuen Motoren.

Vorhafen
Meist handelt es sich dabei nur um eine leichte Verbreiterung des Kanals vor *Schleusen* oder größeren Häfen, um den auf die Schleusung wartenden Schiffen eine Festmachgelegenheit zu bieten, ohne dass sie die Fahrrinne verengen.

Vorhafen des alten Schiffshebewerks Henrichenburg
Bei Kanalkilometer 45,6 endet in diesem Bereich der *Rhein-Herne-Kanal* und findet seine Fortsetzung im *Dortmund-Ems-Kanal*. Der Vorhafen des historischen Hebewerks wird heute von Sportbooten und den Museumsschiffen des angrenzenden Binnenschifffahrtsmuseums genutzt (*Museumshafen Oberwasser*).

oben: Im Vorhafen Henrichenburg / unten: Immer wieder werden versenkte Fahrzeuge aus dem Kanal geborgen

Wandernder Bergbau
Der *Rhein-Herne-Kanal*, mit dessen Bau 1906 begonnen wurde, war nötig, um dem Transportaufkommen des boomenden Kohlebergbaus gerecht zu werden. Aber schon bei Beschluss des Bauvorhabens Rhein-Herne-Kanal plante man weiter, weil man erkannte, dass ein Kanal allein nicht ausreichen würde, denn der Bergbau wanderte mehr und mehr nach Norden.
So wurde schon 1905 der Bau des Wesel-Datteln-Kanals projektiert.

Wanner-Kanu-Verein
In Herne, bei Kilometer 29,3 (Zur Künstlerzeche 1), sind die Paddler des Vereins zu finden. 1930 gegründet, kam man zuerst mit seinen Booten in einem Verschlag bei einer nahegelegenen Gastwirtschaft unter, bis man dann 1950 am heutigen Standort in Eigenarbeit ein Bootshaus aufstellen konnte. Aktiv u. a. auf Wanderfahrten im In- und Ausland, schaffte es ein Mitglied sogar, das begehrte *Globus-Abzeichen* zu erfahren. Vor allem zum Training für die Jugend gedacht ist die Slalomstrecke; so können die Grundlagen zum Wildwasserfahren angeeignet werden.
Durch die bereits lang andauernden Bauarbeiten am Kanal gleich vor dem Bootshaus fehlt den Wanner Paddlern zur Zeit leider der Zugang zum Wasser. Die rund 60 Mitglieder warten nun sehnsüchtig auf ein Ende der Bautätigkeiten, so dass der Verein wieder neu loslegen kann, hatte man doch zu Spitzenzeiten fast doppelt so viele Mitglieder wie heute.

Wartburginsel
Die bis heute einzig verbliebene Insel im *Rhein-Herne-Kanal* entstand in Castrop-Rauxel durch die Schaffung und spätere Stilllegung eines zweiten Kanalarms.
Eine *Zweite Fahrt* musste hier nach einem Sabotageakt in den 1920er-Jahren angelegt werden. Inzwischen ist der alte Arm an beiden Seiten vom Kanal abgetrennt. Auf der schmalen Insel zwischen den beiden Kanalabschnitten hat u. a. ein Ruderverein sein Vereinsgelände und nutzt das stille Gewässer als ideales Anfängerrevier, und auf den *„Inselterrassen“* lässt es sich besonders im Sommer romantisch einkehren.

Wartburgstraße
Diese Straße quert im Stadtteil Henrichenburg (Castrop-Rauxel) den Kanal gleich zweifach, denn bei km 43,2 liegen ein aktives und ein stillgelegtes Kanalstück nebeneinander.
Über die Fahrrinne führt eine Brücke, während im Bereich der sogenannten

In frischen Farben strahlt die neu gebaute Wartburgstraßen-Brücke

Zweiten Fahrt der Boden aufgeschüttet wurde, so dass keine Brücke mehr notwenig ist. In den nächsten Jahren wird an dieser Stelle der Kanal verbreitert, der dazu notwendige Neubau der Wartburgstraßen-Brücke konnte vor kurzem abgeschlossen werden.

Was kreucht und fleucht denn in Kanalnähe?
Wie auf so mancher ehemaliger Industriefläche hat sich auch auf der *Brache Vondern* bei Oberhausen-Borbeck (unweit der Stadtgrenze zu Essen-Dellwig) artenreiche Flora und Fauna entwickelt. Alte Kulturpflanzen wie die unscheinbare Wilde Möhre, die hochaufragende Gelbe Nachtkerze oder die Rapunzel-Glockenblume haben sich angesiedelt. Wer nicht selbst auf Entdeckungstour gehen will, kann sich den Führungen anschließen, die regelmäßig am *Haus Ripshorst* starten. Und wer nicht weiß, dass dort einmal eine Bergwerksanlage war, der käme heute gar nicht mehr auf diese Idee, beim Anblick der Natur.

„Wasser - marsch!"
Die durch die Pumpstationen des westdeutschen Kanalsystems bewegten Wassermengen betragen im langjährigen Mittel rund 550 Mio. Kubikmeter pro Jahr, was Kosten von mehreren Millionen Euro jährlich verursacht.

Wasser- und Schifffahrtsamt Duisburg-Meiderich
Es ist eines von 39 Wasser- und Schifffahrtsämtern (WSA) in Deutschland.
Das Amt Duisburg-Meiderich ist zuständig für die Ruhr (mit dem Ruhrschifffahrtskanal bis Mülheim), den *Rhein-Herne-Kanal*, den Wesel-Datteln-Kanal und den *Dortmund-Ems-Kanal* (für das Stück Kanalkreuz *Datteln* bis Dortmund). Zu den Aufgaben, denen es mit rund 400 Mitarbeitern nachkommt, gehören u. a. die Unterhaltung dieser Bundeswasserstraßen, der Betrieb und die Unterhaltung der Bauwerke wie *Schleusen*, Wehre, *Düker*, Brücken usw., der Ausbau der Kanäle und Neubau von Anlagen sowie das Messen von Wasserständen und die Übernahme polizeilicher Aufgaben. Zur Bewältigung dieser Arbeitsbereiche wurden mehrere Außenbezirke eingerichtet (z. B. in Dorsten und Herne). In Duisburg gibt es mit dem WSA Duisburg-Rhein noch ein zweites Amt, das sich um den Rhein und die Schifffahrt auf dem Rhein von der Stadtgrenze Duisburg/Krefeld bis zur niederländischen Grenze kümmert.

Wasserbewirtschaftung
Die Wasserbewirtschaftung sorgt dafür, dass immer und an allen Stellen des Kanalsystems die ausreichende Menge Wasser vorhanden ist, damit die Schiffe jederzeit mit voller Beladung und garantierten Brückendurchfahrtshöhen die Kanäle befahren können.

Wasserschutzpolizei
Die Wasserschutzpolizei (WSP) ist mit den Dienststellen Essen und *Datteln* für den *Rhein-Herne-Kanal* zuständig. Rund 45 Beamte sind hier im Dienst, haben in zwei Schichten Polizisten auf dem Wasser im Einsatz und fahren nachts PKW-Streife.
Die Wache in Essen liegt am Stadthafen, fast unmittelbar an der Brücke der A 42, während man die Dattelner Wache am Kanalkreuz *Dortmund-Ems-Kanal* und Datteln-Hamm-Kanal, dem sogenannten Dattelner Meer, findet.
Für den *Hafenkanal*, sozusagen die Verlängerung des Rhein-Herne-Kanals hin-

Die Wache der Wasserschutzpolizei in Essen - davor ein Streifenboot.

Wasserschutzpolizei und Feuerlöschboot

Damals ... Die alte Bootshalle der Wasserschutzpolizei in Essen. Die Halle wurde 1994 mit dem Umzug in das Gebäude am Stadthafen Essen aufgegeben.

Das neue Haus der WSP Essen mit integriertem Bootshaus

Die „WSP 27“ - heute nicht mehr im Dienst.

Das größte Boot der Wasserschutzpolizei an der Emmericher Straßen-Brücke bei Kanalkilometer 2,4. Die „WSP 1“ wird auch zu Ausbildungsfahrten benutzt.

2004 explodierte das Tankschiffs „Charlotte" am Liegeplatz in Essen-Dellwig

Ein Trümmerteil der „Charlotte" bohrte sich 40 cm in den Boden des benachbarten Leinpfads

über zum Rhein, ist die WSP Duisburg zuständig.

Wassersportgemeinschaft Wanne-Eickel
Seit 1947 sind die Paddler aktiv, errichteten ihr Bootshaus 1956 bei km 29,4 (an der heutigen *Künstlerzeche Unser Fritz*). Lange wurde der Rennsport praktiziert, doch inzwischen geht es hauptsächlich ums Kanuwandern, und auch die Jugendarbeit wird großgeschrieben.

Wassersportverein Herne 1920 e.V.
Er ist einer der ältesten Sportvereine am *Rhein-Herne-Kanal* und am Ende des *Yachthafens Herne* zu Hause.
Gegründet wurde er 1920 u. a. mit der idealistischen Intention, der Jugend nach den Schrecken des Ersten Weltkriegs neue Werte vermitteln zu wollen. Eine Damenabteilung entstand bereits im Jahr 1929 und war längst nicht selbstverständlich.
Damals war man noch auf dem alten Teilstück des *Stichkanals* aktiv, so dass es für den Verein ein herber Schlag war, als der Abschnitt 1937 stillgelegt wurde. Während des Zweiten Weltkriegs war hier wie bei anderen Clubs auch an ein Vereinsleben nicht zu denken. Doch später kam der Wassersportverein wieder zusammen.
So erfolgte 1969 die Gründung der Motorbootabteilung. 1988 sollte ein ganz besonderes Vereinsjahr werden, denn man war damals Ausrichter des Rudervergleichskampfes zur 25. Ruhr-Olympiade!

Wassersportvereine
Kaum war der Kanal geflutet, gab es die ersten Bestrebungen, ihn auch zu Freizeit- und Wassersportzwecken zu nutzen. Die Kinder und Heranwachsenden rechts und links des Wassers waren vermutlich die ersten, die den Kanal mit den sich neu eröffnenden Möglichkeiten für sich vereinnahmten, und zwar ganz ohne Vereinsstruktur.
Aber bald wollten auch die Erwachsenen aktiv werden, und so wurden z. B. in Oberhausen 1917 erste Ruderboote zu Wasser gelassen. In den 1920er-Jahren setzte eine rege Vereinstätigkeit an den Kanalufern ein, Angler, Kanuten und Ruderer fanden sich jeweils zusammen, bauten die ersten Vereinsheime und belebten den Kanal auf ihre Weise. Zu den Ersten gehörten u.a. 1920 der *Ruderverein Gelsenkirchen* und der *Wassersportverein Herne* sowie im Jahr darauf gefolgt vom *Meidericher Kanu-Club*.

Wasserstraßengesetz (1905)
Mit dem Gesetz wurde die Fortsetzung der mit dem *Dortmund-Ems-Kanal* 1899 begonnenen großen West-Ost-Verbindung beschlossen. Dazu sollte eine Verbindung vom Rhein über den Dortmund-Ems-Kanal zunächst bis zur Weser und in den Raum Hannover hergestellt werden. Für das Teilstück Rhein bei Duisburg bis zum *Schiffshebewerk Henrichenburg* wurde der Name *Rhein-Herne-Kanal* gewählt.

Wasserstraßenklasse
Als Wasserstraßen werden schiffbare Flüsse und Kanäle bezeichnet. Es gibt zudem sieben Klassen, in die man die Wasserwege einordnet, gekennzeichnet mit römischen Zahlen.
Diese europaweite Einteilung soll ein einheitliches Binnenwasserstraßennetz fördern und gründet sich auf die Längen- und Breitenabmessungen bestimmter Schiffstypen. 1993 wurde das neue Klassifizierungssystem eingeführt. Der

Rhein-Herne-Kanal gehört zur Wasserstraßenklasse Vb. Dabei gehören allerdings die letzten sechs Kilometer vor seinem Übergang in den *Dortmund-Ems-Kanal* noch einer niedrigeren Klasse an, doch auch hier sind Ausbaupläne in Arbeit. Dass immer irgendwo am Kanal eine Baustelle ist, ist man ja inzwischen fast gewohnt!

Wasserstraßen-Maschinenamt Herne
Es entstand 1921 als Maschinenbauamt Herne und wurde 1939 in Wasserstraßen-Maschinenamt umbenannt.
Der Vorläufer dieser Behörde, die den staatlich organisierten Schleppbetrieb auf dem Kanal durchführte, war die *Staatswerft Herne*. Seit 2000 gibt es das Amt in Herne nun nicht mehr.

Wasserübergabe Hamm
In Hamm wird durch eine 18 m breite Wehranlage eine direkte Verbindung zwischen *Lippe* und Datteln-Hamm-Kanal hergestellt, um Wasser aus dem Fluss in das Kanalsystem abzuleiten. Umgekehrt kann bei Trockenheit ein Mindestwasserstand in der Lippe aufrechterhalten werden, da durch ferngesteuerte Pumpenketten Wasser selbst noch von der Ruhr durch die Kanäle wieder zur Lippe zurückgepumpt werden kann.

Wasserverband Westdeutscher Kanäle
In diesem Verband haben sich alle Nutzer von Kanalwasser zusammengeschlossen, denn der Kanal ist nicht nur Transportweg, sondern auch Fernwasserleitung. Pumpsysteme sorgen sowohl für die richtige Fahrthöhe für die Schiffe, als auch für die Bereitstellung von genügend Nutzwasser für die anliegenden Entnehmer.

Weiße Flotte Baldeney
Man könnte meinen, man hätte sich vertan - wäre durch einen Irrtum am falschen Gewässer gelandet, denn jeder kennt ihre Schiffe vom Baldeneysee und der Ruhr. Aber die Weiße Flotte Baldeney (ein Tochterunternehmen der Stadt Essen) hat auch einen festen Fahrplan für den *Rhein-Herne-Kanal*. So pendelt sie von Mai bis Anfang Oktober immer mittwochs, samstags, sonntags und an Feiertagen auf der kürzeren, schleusenfreien Strecke zwischen Oberhausen-Kaisergarten und Gelsenkirchen-Nordsternpark.
Dabei finden sich unterwegs Anlegestellen in Essen an der Zweigertbrücke und an der Marina Oberhausen.
Eingesetztes Schiff ist überwiegend die *MS Kettwig*. Und mehrmals im Monat kann man auch auf „große Fahrt“ gehen und vom *Nordsternpark* gemütlich bis zum Baldeneysee schippern.
(www.baldeneysee.com;
siehe: Fünf-Schleusen-Fahrt)

Wellen sind Wellen
Als Wildwasserpaddler mit Heimathafen am Kanal in Bottrop muss man schon erfinderisch und manchmal auch genügsam sein.
So nutzten die Paddler des *Bottroper Kanu-Clubs* in den 1960er-Jahren die Wartezeit der Berufsschiffer mit deren gutwilligem Zutun für kurzweiligen Paddelspaß und etwas Training.
Damals war der Schiffsverkehr auf dem Kanal noch ein anderer: Durch die größere Menge der Schiffe gab es an den *Schleusen* immer wieder richtige Warteschlangen. Andererseits blieben die Schleusen am Wochenende noch unbesetzt, und alles in allem ging es etwas ruhiger zu. So kam es häufig dazu, dass vor dem Bootshaus des Bottroper Ka-

Ein Boot des Wasser- und Schifffahrtsamtes auf dem Rhein-Herne-Kanal im Bereich des Stadthafens Essen

Während der Sommermonate benutzt die Weiße Flotte Baldeney den Essener Stadthafen als Liegeplatz - auf dem Kanal ist meist die MS Kettwig im Dienst.

nu-Clubs, das sich in unmittelbarer Nähe der *Schleuse Dellwig* befindet, Schiffer in Warteposition lagen. Um den Kanuten eine Freude zu machen, ließen sie ihre Schrauben auch mal im Leerlauf laufen und bescherten ihnen damit ein bisschen Strudel.
Heute aus Sicherheitsgründen, Spritspar- und Umweltschutzmaßnahmen undenkbar, aber damals eine nette Gelegenheit zum Üben.

Weltumrundung auf dem Kanal
Einige wenige am Kanal ansässige Paddler haben sich das begehrte *Globus-Abzeichen* verdient. Dafür muss man eine Kilometerleistung „erpaddelt" haben, die einer Weltumrundung gleichkommt. Einen Teil ihrer Strecken absolvierten die Wassersportler natürlich auf dem heimischen *Rhein-Herne-Kanal*.

Wendehafen
An mehreren Stellen des Kanals eingerichtete Einbuchtungen, um den langen und trägen Binnenschiffen mehr Bewegungsraum zu verschaffen.
Ein größerer Wendehafen befindet sich aus Nordosten kommend kurz vor dem Duisburger Hafenbereich an der Nordseite des Kanals.

Werbeschwimmen
Um mehr Menschen für das Schwimmen zu interessieren, fand im Juni 1924 an der Kanalbrücke in Castrop-Rauxel ein Werbeschwimmen statt.
Dabei wurde dem Publikum u. a. das Staffelschwimmen und Brückenspringen vorgeführt, aber auch Rettungsdemonstrationen und Wasserballspiele abgehalten. Fast 3000 Zuschauer fanden sich am Kanalufer ein.
Der Erfolg war so groß, dass im Herbst der bis dahin neugegründete Schwimmverein *SC Hellas* zusammen mit dem Herner Schwimmverein das erste offizielle Schwimmfest am *Rhein-Herne-Kanal* organisieren konnte.

Westmarkstraße
Die Westmarkstraße überquert von Buschhausen (Oberhausen) kommend zunächst die A 42 (*Emscherschnellweg*) und führt dann zu dem in unmittelbarer Nachbarschaft liegenden *Rhein-Herne-Kanal*. Hier wechselt sie den Namen, überquert als Ulmenstraße das Gewässer bei Kanalkilometer 6,2 und zieht dann weiter südwärts durch den Ortsteil *Lirich*. (Siehe auch: Ulmenstraßen-Brücke)

Westring
Die Straße quert bei km 39,7 den *Rhein-Herne-Kanal* und verbindet den Castrop-Rauxeler Ortsteil Bladenhorst und den ländlichen Stadtteil Pöppinghausen miteinander. Am Westring findet man auch das alte *Schloss Bladenhorst*.

Wewering, Heinz
Er blickt auf eine einzigartige sportliche Erfolgsgeschichte zurück: der Trabrennfahrer Heinz Wewering.
1950 im dörflichen Albachten bei Münster geboren, wird er als erfolgreichster Trabrennfahrer aller Zeiten bezeichnet! Vier Mal war er Sieger bei den Europameisterschaften, 1993 und 1997 Sieger der Weltmeisterschaften und bestritt über 48.000 Rennen im Laufe seiner Karriere - heute kann Wewering über 16.000 Siege für sich verzeichnen - ein absoluter Weltrekord!
Warum der Pferdesportler zum *Rhein-Herne-Kanal* gehört? Bis 2006 betrieb er in Castrop-Rauxel direkt am Kanal das *Trabergestüt Bladenhorst* mit großer eigener Trainingsbahn.

Wiederaufbau

Kaum waren die Kampfhandlungen des Zweiten Weltkriegs beendet, ging es an den Wiederaufbau.

So auch am *Rhein-Herne-Kanal*, damit möglichst schnell die Kohlelieferungen wieder aufgenommen werden konnten. Erst einmal wurden, wo es möglich war, einige Behelfsbrücken unter Einbeziehung alter Brückenreste installiert, anschließend hob man gesunkene Schiffe und reparierte die Schleusen. Schon im November 1945 konnte eine schmale Fahrrinne wieder benutzt werden! Die komplette Räumung wurde 1947 abgeschlossen, und von da an lief dann der Verkehr wieder zweischiffig. Bei der Instandsetzung der Brücken dauerte es etwas länger. Zwar war 1947 rund die Hälfte der beschädigten Brücken wiederhergestellt und nach weiteren zehn Jahren so gut wie alle, doch erst 1974 wurden auch die letzten beiden Behelfsbrücken ersetzt.

„Wolf" jagt „Möwe"

Allerdings mehr im übertragenen Sinn zu verstehen, denn so hatte man die beiden ersten Gelsenkirchener Ruderboote getauft, die von 1917 an auf dem Kanal unterwegs waren. Der Zweier „Möwe" und der schnellere, weil durch vier Ruderer bewegte „Wolf" waren ein Geschenk des Industriellen Julius Stern.

Drei Jahre später organisierten sich die Gelsenkirchener Ruderer dann im *Ruderverein Gelsenkirchen.*

WSA

Abkürzung für das *Wasser- und Schifffahrtsamt* z. B. in Duisburg-Meiderich. Es kümmert sich u. a. um den Betrieb, den Erhalt, die Wartung und die Instandsetzung von rund 149 km Wasserstraßen, 24 *Schleusen*, zwei Wehren, dreizehn *Pumpwerken*, rund 110 Brücken und 55 *Dükern.*

Die Wasserschutzpolizei im Einsatz

Zum WSA Duisburg-Meiderich gehören mehrere Außenbezirke, die in Friedrichsfeld (Niederrhein), Dorsten, Datteln und Herne liegen. In Duisburg gibt es übrigens zwei Wasser- und Schifffahrtsämter: WSA Duisburg-Meiderich und WSA Duisburg-Rhein haben jeweils eigene Zuständigkeitsbereiche.

WSA, WSD und WSV

Nicht ganz einfach, sich mit diesen doch verwirrenden Abkürzungen zurechtzufinden. Dahinter verbergen sich die einzelnen Ämter, die u. a. für die Verwaltung und Instandhaltung der deutschen Wasserstraßen zuständig sind, so das *Wasser- und Schifffahrtsamt*, die Wasser- und Schifffahrtsdirektion West und die Wasser- und Schifffahrtsverwaltung.

Y-Z

Y

Im Yachthafen Friedrich der Große

Yachthafen Friedrich der Große

Am Hafen Friedrich der Große in Hernes Nordosten wurde früher die Kohle verladen. Seinen Namen bekam er von der mittlerweile stillgelegten *Zeche Friedrich der Große*. Nun gibt es hier u. a. einen Yachthafen mit Anlegestellen für kleine Schiffe, Motor- und Ruderboote, aber auch das *Ausflugsschiff „Friedrich der Große“* hat dort seinen Hafen und bietet beispielsweise Ausflugsfahrten über den *Rhein-Herne-Kanal* an. Außerdem wird ein Teil der großzügigen Hafenanlagen von den Firmen des neu gegründeten Industriegebiets Friedrich der Große genutzt. Der Hafen gehört auch zum sogenannten *Herner Meer*, das sich aus mehreren Hafenbecken zusammensetzt.

Yachthafen Herne

Man findet ihn am Ende der Gneisenaustraße, nahe der *Schleuse Herne-Ost*, bei Kanalkilometer 37,7. Sein großes Hafenbecken auf der Kanalsüdseite ist durch eine lange, schmale Landzunge vom Kanal getrennt. Anbei liegt gleich der *Yachthafen Friedrich der Große*.
Im *Hafen Herne* ist der Wassersportverein Herne zu Hause, und der *Kanu und Ski Club Herne* hat hier ebenfalls sein Bootshaus. Im Bootshafen gibt es darüber hinaus Liegeplätze auch für Gäste. Ja, eine kleine Yacht ist sicher schon etwas Tolles.

Yachthafen Pöppinghausen

Der Hafen in Castrop-Rauxel-Pöppinghausen liegt an der Nordseite des Kanals, während am jenseitigen Ufer der *Yachthafen Friedrich der Große* beheimatet ist, der aber schon auf Herner Grund liegt, denn die Mitte des Kanals markiert hier die Stadtgrenze.
Der Hafen Pöppinghausen bietet Schiffen bis 20 m Länge 170 Liegeplätze. Im November 2013 war er einmal in aller Munde, als dort eine ertrunkene Frau gefunden wurde.

Im Yachthafen Friedrich der Große

An seinem Ankerplatz: Das Ausflugsschiff „Friedrich der Große“.

Im Yachthafen Herne

Im Hafen Friedrich der Große: Im Hintergrund liegt der Yachthafen Pöppinghausen.

Am Herner Meer

Blick auf den Yachthafen Pöppinghausen

Z

Die Zeche Unser Fritz damals

Zeche Graf Bismarck 1/4

In jener Zeche wurde 1873 der Betrieb aufgenommen, und schnell entwickelte sie sich zu einer der großen im Ruhrgebiet. So verhalf das Bergwerk auch dem Gelsenkirchener Stadtteil zu seinem Namen. Noch 1965 förderte hier eine Belegschaft von 6.755 Bergleuten 2,6 Mio. Tonnen Kohle, aber schon ein Jahr später wurde die Zeche stillgelegt. Von den Tagesanlagen ist wenig erhalten.

Neben dem ehemaligen Verwaltungsgebäude und einigen Arbeiter- und Direktorenhäusern ist glücklicherweise das große Kauengebäude von 1905 noch vorhanden. Es bildet heute den Mittelpunkt des Bürgerbegegnungszentrums. In rotem Backstein, unterbrochen durch weiße Putzflächen, ist es ein Juwel der Bergwerksarchitektur im Stil des Historismus.

Zeche Unser Fritz - damals

Das ehemalige Bergwerk im heutigen Stadtgebiet von Herne (bzw. im ehemals selbständigen Wanne-Eickel) entstand zwischen 1871 und 1873.

Mehrere Schächte wurden im Laufe der Zeit abgeteuft, dabei später sowohl nördlich als auch südlich des Kanals. Das Grubenfeld Unser Fritz war eines der vielen Abbaugebiete, die im Bereich des von 1906 an errichteten *Rhein-Herne-Kanals* lagen. Dabei ergab sich der große Vorteil eines eigenen Verladehafens, an dem die geförderte Kohle direkt übernommen werden konnte.

Von 1911 bis 1925 wurde auf dem Zechengelände ebenfalls eine Kokerei betrieben. Die höchste Beschäftigungszahl erreichte das Bergwerk 1925 mit fast 4.000 Mitarbeitern. Später wurde es im Verbund mit anderen Bergwerken nur noch zur Bewetterung genutzt.

In den 1980er- und 1990er-Jahren wurden nach und nach alle Schächte stillgelegt und verfüllt.
Namenspate der Zeche wie auch einer ihrer Bergarbeitersiedlungen war der damalige Kronprinz Friedrich Wilhelm, der wegen seiner liberalen Haltung bei den Menschen beliebt war.
1888 zum Kaiser Friedrich III. ernannt, verstarb er noch im selben Jahr.

Zeche Unser Fritz - heute
Von Mitte der 1960er-Jahre an entwickelte sich auf dem ehemaligen Zechengelände nördlich des Kanals nach und nach ein lokales Zentrum für Künstler, die *Künstlerzeche* Unser Fritz.
Von den südlich des Kanals gelegenen Schachtanlagen wurde bis auf den Malakowturm alles abgerissen. Der Malakowturm - einer der wenigen erhaltenen Fördertürme dieser Art - und die Künstlerkolonie gehören heute zur *Route der Industriekultur*.
Auf dem Gelände der ehemaligen Zeche Pluto, das sich im Süden an Unser Fritz anschließt, entstand eine Klinik für psychisch kranke Straftäter, die 2011 bezogen werden konnte.
Auf anderen Teilen des ehemaligen Zechenareals fördert das Land Nordrhein-Westfalen die Wohnbebauung, und ein ganz neuer Siedlungsbereich wurde inzwischen bereits fertiggestellt.
Der ehemalige Verladehafen erfuhr mittlerweile eine komplette Umgestaltung zum Feuchtbiotop. Dazu trennte man den Bereich vom Kanal ab und bepflanzte das umliegende Areal und die Uferböschung.

Zehn Kubikmeter pro Sekunde
So viel Wasser kann von den Pumpen an den *Schleusen* wieder in den oberen Kanalabschnitt zurückgepumpt werden.

ZOOM Erlebniswelt
2005 eröffnete in Gelsenkirchen unmittelbar am *Rhein-Herne-Kanal* der frühere Ruhr-Zoo erneut seine Pforten und präsentierte mit der ZOOM Erlebniswelt Alaska die erste völlig neugestaltete Attraktion. Seitdem sind noch einmal zwei weitere spannende „Zoo-Welten" hinzugekommen (Asien und Afrika). Das gesamte Areal umfast 25 Hektar - etwa 40 Fußballfelder - und ein ganz neues Konzept ermöglicht dem Besucher, die Tiere in einer ihrem ursprünglichen Lebensraum nachgebildeten Umgebung hautnah zu erleben. Der authentische Eindruck und die naturnahe Unterbringung der Tiere haben sich mit Erfolg durchgesetzt, und so zählt die ZOOM Erlebniswelt zu den bestbesuchten Tierparks bundesweit. Also, auf nach Gelsenkirchen!

Zug quert Kanal
Mehr als 20-mal wird der *Rhein-Herne-Kanal* von einer Eisenbahnbrücke gequert. Kein Wunder in einem so dicht von Menschen und Industrieunternehmen besiedelten Gebiet. Viele dieser Brücken gehören zu Werks- und Güterlinien, die im Zuge der Umstrukturierung inzwischen immer seltener genutzt werden, teilweise stillgelegt oder zu Fußgängerbrücken umgebaut wurden.

Zugefroren
In einer lange andauernden Kälteperiode im Januar und Februar 1929 fror der Niederrhein bei Duisburg für mehrere Wochen zu. Meterhoch türmten sich die Eisschollen, und auch in den Häfen und Kanälen ruhte wegen des Eises der gesamte Schiffverkehr.
Große wirtschaftliche Einbußen bedrohten damals viele Schiffer.
(Siehe auch: „Eisberg in Sicht!")

„Zukunftsmusik"
Noch ist die Umstellung auf Fernsteuerung an den Kanalschleusen Zukunftsmusik, doch in drei oder vier Jahren sollen Schleusenwärter nur noch im zentralen Leitstand Herne sitzen.
Von dort aus werden sie dann - gestützt auf Kameraüberwachung - die entsprechenden Knöpfe zu jedem Schleusenvorgang auf dem *Rhein-Herne-Kanal* drücken können.

Zweigert-Brücke
Sie wurde im Jahr 2000 gebaut, überbrückt den Kanal bei Kilometer 19,3 mit einer Stützweite von 60 Metern und liegt im äußersten Norden von Essen. So verbindet sie die Karnaper Straße mit der Altenessener Straße und überwindet ohne große Mühe fast gleichzeitig die *Emscher*, da hier die sogenannte *Emscherinsel* extrem schmal ist. An der Brücke liegt außerdem eine der Anlegestellen der Fahrgastschiffe der *Weißen Flotte*.

Zweigkanal
Schon bevor der *Rhein-Herne-Kanal* fertig war, hatte man vom *Dortmund-Ems-Kanal* bei Henrichenburg einen Kanal-Abstecher Richtung Herne abzweigen lassen. 1914 wurde der Rhein-Herne-Kanal mit diesem *Stichkanal* verbunden, und seit 1950 rechnet man dieses Kanalstück nun dem Rhein-Herne-Kanal zu, der dadurch bis Henrichenburg reicht und seinem eigentlichen Namen nicht mehr ganz gerecht wird.
Teile des früheren Zweigkanals, der südlich von *Schloss Strünkede* bis zur Bahnhofstraße zog, wurden später zugeschüttet. Über einige Abschnitte der damaligen Trasse verläuft heute der *Emscherschnellweg* (A 42).

Überreste einer damals errichteten Zweiten Fahrt bei Castrop-Rauxel-Henrichenburg

Zweite Fahrt
Um den damaligen *Stichkanal* des *Dortmund-Ems-Kanals* im Bereich des *Emscherdükers* (Castrop-Rauxel) nach einem *Sabotageakt* wieder vollständig zu reparieren, wurde zunächst eine 1500 Meter lange zweite Fahrrinne parallel zur alten Kanaltrasse errichtet, über die der Kanalbetrieb dann geführt werden konnte. Diese sogenannte Zweite Fahrt wurde im September 1929 im Einbahnverkehr in Betrieb genommen und später noch zweischiffig ausgebaut.
Erst dann - im Oktober 1935 - konnte die Schadensstelle endgültig beseitigt werden. Nach Abschluss der Arbeiten wurde das Stück der alten Trasse an einem Ende verschlossen, so dass eine Halbinsel im Kanal zurückblieb.
Inzwischen ist die Passage an beiden Seiten verschlossen, so dass ein kleiner See entstanden ist. Auch wurde die Stelle durch den Neubau des Emscherdükers an seiner Südseite um ein ganzes Stück verkürzt.

Uli Auffermann
Der bekannte Autor und Journalist verfasste mittlerweile über zwanzig Bücher und unzählige Reportagen. Immer wieder widmete er sich thematisch seiner Heimat, dem Ruhrgebiet. Mit dem Rhein-Herne-Kanal verbinden ihn viele Erinnerungen und schöne Momente!

Ein herzliches Dankeschön

den Sportvereinen rechts und links des Kanals für all die interessanten Auskünfte und Anekdoten sowie das spannende Bildmaterial.
Mein ausdrücklicher Dank auch an Willi Rademacher für die vielen schönen Fotos. Und Dank dem Wasser- und Schifffahrtsamt Duisburg für wichtige Infos und zur Verfügung gestellte Fotos.

Bildnachweis

Automobil- und Motorboot-Club Castrop-Rauxel: 13, 194;
Angelsportverein Blitzkuhle Wanne-Eickel (Herne): 11 u., 126, 127;
Bottroper Kanuclub: 21 beide;
DLRG Ortgruppe Gelsenkirchen: 31 o., 33 o.;
DLRG Ortsgruppe Wanne-Eickel/Herne: 31 u., 32 alle, 33 u., 195;
Freie Kanufahrer Rauxel (Castrop-Rauxel): 52 beide, 53 beide, 120;
1. Meidericher Kanuclub (Duisburg): 103, 107 u., 125 beide;
Fahrgastschiff Pirat: 48, 115 beide;
Fahrgastschiff St. Monika: 156 u.;
Rademacher, Willi (Bottrop): 11 o., 19 beide, 25 o., 60, 62 beide, 64, 68 beide, 69 beide, 70 beide, 71 beide, 75, 87, 93 beide, 97, 101 beide, 106, 110 beide, 116, 139, 158 beide, 159 beide, 160 beide, 161 beide, 162, 163, 176 u., 180 beide, 181 beide, 182 beide, 183 beide, 186 u., 188;
Ruderverein Emscher (Herne): 128 alle;
Ruderverein Rauxel (Castrop-Rauxel): 84, 121 beide, 122 beide, 132 alle, 171;
Schwimm-Club Hellas (Castrop-Rauxel): 123 u., 124 alle;
Stadt Marketing Herne GmbH: 28;
Turnclub Sterkrade (Oberhausen): 56 u., 165, 167 beide, 168 beide, 169 beide;
Wasser- und Schifffahrtsamt Duisburg: 186 o.;
alle anderen Bilder stammen von Uli Auffermann